THE
EVERYTHING®
TV WORD SEARCH
BOOK

Dear Reader,

If you're like me, you have a brain stuffed full of TV trivia from over the years. Now you can finally put all of that knowledge to good use with the word search puzzles in this book! In creating these puzzles, I've run into old friends like *Mork & Mindy*, *Charlie's Angels*, and *Perry Mason*. Of course, I've also included newer faces like *The Sopranos*, *Two and a Half Men*, and *Big Brother*. Television is a mirror that reflects society and this book celebrates all of it.

I think that puzzles are a great alternative to watching TV. They require active participation and give your brain an entertaining workout. Like TV, word search puzzles are relaxing. They gently focus our minds on a goal that is challenging but never insurmountable. So the next time there is nothing on TV (or if you want something to do while you watch), grab a pencil and start searching!

Charles Timmerman

Welcome to the EVERYTHING Series!

These handy, accessible books give you all you need to tackle a difficult project, gain a new hobby, comprehend a fascinating topic, prepare for an exam, or even brush up on something you learned back in school but have since forgotten.

You can choose to read an *Everything*® book from cover to cover or just pick out the information you want from our four useful boxes: e-questions, e-facts, e-alerts, and e-ssentials. We give you everything you need to know on the subject, but throw in a lot of fun stuff along the way, too.

We now have more than 400 *Everything*® books in print, spanning such wide-ranging categories as weddings, pregnancy, cooking, music instruction, foreign language, crafts, pets, New Age, and so much more. When you're done reading them all, you can finally say you know *Everything*®!

PUBLISHER Karen Cooper

DIRECTOR OF ACQUISITIONS AND INNOVATION Paula Munier

MANAGING EDITOR, EVERYTHING SERIES Lisa Laing

COPY CHIEF Casey Ebert

ACQUISITIONS EDITOR Lisa Laing

EDITORIAL ASSISTANT Hillary Thompson

Visit the entire Everything® series at *www.everything.com*

THE
EVERYTHING®
TV
WORD SEARCH
BOOK

A new season of TV puzzles—
with no reruns!

Charles Timmerman
Founder of Funster.com

Adams Media
New York London Toronto Sydney New Delhi

Dedicated only to Suzanne.

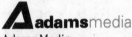

Adams Media
An Imprint of Simon & Schuster, Inc.
57 Littlefield Street
Avon, Massachusetts 02322
Copyright © 2009 by Simon & Schuster, Inc.

An Everything® Series Book.
Everything® and everything.com® are registered trademarks of Simon & Schuster, Inc.

ADAMS MEDIA and colophon are trademarks of Simon and Schuster.

For information about special discounts for bulk purchases, please contact Simon & Schuster Special Sales at 1-866-506-1949 or business@simonandschuster.com.

The Simon & Schuster Speakers Bureau can bring authors to your live event. For more information or to book an event contact the Simon & Schuster Speakers Bureau at 1-866-248-3049 or visit our website at www.simonspeakers.com.

Interior illustrations by Barry Littmann

Manufactured in the United States of America

13 2021

Library of Congress Cataloging-in-Publication Data has been applied for.

ISBN 978-1-60550-046-1

Contents

Acknowledgments

I would like to thank each and every one of the more than half a million people who have visited my website, *www.funster.com*, to play word games and puzzles. You have shown me how much fun word puzzles can be, and how addictive they can become!

For her expert help and guidance over the years, I owe a huge debt of gratitude to my agent Jacky Sach.

It is a pleasure to acknowledge the folks at Adams Media who made this book possible. I particularly want to thank my editor, Lisa Laing, for so skillfully managing the many projects we have worked on together.

Last, but certainly not least, a very special thanks to Suzanne and Calla.

Introduction

▶ THE PUZZLES IN THIS BOOK are in the traditional word search format. Words in the list are hidden in the grid in any direction: up, down, forward, backward, or diagonally. The words are always found in a straight line and letters are never skipped. Words can overlap. For example, the letters at the end of the word "MAST" could be used as the start of the word "STERN." Only the letters A to Z are used, and any spaces in an entry are removed. For example, "TROPICAL FISH" would be found in the grid as "TROPICALFISH." Draw a circle around each word that you find in the grid. Then cross the word off the list so that you will always know what words remain to be found.

A favorite strategy is to look for the first letter in a word, then see if the second letter is in any of the eight neighboring letters, and so on until the word is found. Or instead of searching for the first letter in a word, it is sometimes easier to look for letters that standout, like Q, U, X, and Z. Double letters in a word will also standout and be easier to find in the grid. Another strategy is to simply scan each row, column, and diagonal looking for any words.

PUZZLES

CHAPTER 1: Classic TV Shows

Bewitched

```
V X Y P M O R T A L S I T C O M M E M A
A T P J R D T F D C D O O W R E D R Y T
D Q O M N I D A F A M I L Y G G K Y A F
D K W O U N N R D G P A R N N A P T B S
C T E D A G I C V G R D I H E I E A M Y
L W R B H N X H E R R H S J I R M B O N
H L S V C I B C Y A C T Y C G R V I B W
H U V A E S J T Z T R E N C H A N T R A
H V Y S R I A I I U A T I O B M Z H D R
U Q O F P T W W E J U A W M O O L A I L
H N P X E R T L M P N T T E R T S N C O
F S C X L E O H A B T E N D S H G B K C
A B E L U V S D D L C S L Y J E Q F Y K
N A J V E D L S A S L I D P U R Z Q O S
T G M E I A N Z O P A U L L Y N D E R L
A J B E R T R T L B R O O M S T I C K L
S U P E R N A T U R A L Q J Z E F I W E
Y X M T Y X L L H E P Z I B A H Z G K P
Z S O L S A K S E U M O O S K E E A L S
E N D O R A J B G R R O A M A H O M E S
```

NEIGHBORS
NOSE
PAUL LYNDE
POWERS
PRINCE
RELATIVES
SITCOM
SOL SAKS
SPELLS
SUPERNATURAL
TABITHA
TRUE LOVE
TWITCHING
UNCLE ARTHUR
WARLOCKS
WIFE
WITCHCRAFT
WIZARDRY

ADAM
ADVERTISING
AUNT CLARA
BOSS
BROOMSTICK
COMEDY
DERWOOD
DICK YORK

DR BOMBAY
ENCHANTRA
ENDORA
ESMERALDA
FAMILY
FANTASY
HEPZIBAH
HOME

HUSBAND
LARRY TATE
LEPRECHAUN
LOUISE TATE
MAGIC
MARRIAGE
MORTALS
MOTHER

Solution on page 154

Sesame Street

```
Q L K Q P G N I G N I S D Y F Z L E Q T
B L B O B A E B E O H P E W P A P U E B
T X D E F P P Z O E Y L A R N R E L J T
C A E N R B E A R E I R A O S L L B M X
B R R I Q T Z L B M R I I V Z Y U T S H
U E E T K Z O T S E R T L Z M O S A U N
X P V S L C C Y N I A Q A O S L I F N O
B O O E K K U W E C R R N C L U U Q F S
G O R N I G O D U E F S A I V I L O F N
O H G R T L A D R M T R P A J Y O M L E
Z R L E F W E Q R E T S N O M Y R R E H
U M C V N P I B R H B E T T Y L O U U M
S F W S V M F D E P D B S T E P P U P I
F L R D D A O G D K S G U G R Q M M A J
E U N Q R N R B H L A G O R D O N A G Y
F F Z L M O E Q Z L E M G A M E S R U G
Z F E U U H F I R A E B Y L R U C I S Z
N Y S C T M V M R L L M U J N Y V E T N
U I H I V M W F U F F B I G B I R D E A
C Q W A V Q K N Y M N A T A S H A E G T
```

BERT
BETTY LOU
BIG BIRD
BOB
CURLY BEAR
DON MUSIC
EDUCATIONAL
ELMO
ERNESTINE
FARLEY
FAT BLUE
FLUFFY
FRAZZLE
FRIENDS
GAMES
GORDON
GROVER
GUY SMILEY
HERRY MONSTER

JIM HENSON
LUIS
MAKE BELIEVE
MARIE
MR HOOPER
MUMFORD
NATASHA
OLIVIA

OSCAR THE
   GROUCH
PAPA BEAR
PBS
PHOEBE
PRAIRIE DAWN
PUPPETS
ROSITA

RUBBER DUCKIE
SHERLOCK
SINGING
SUNFFLEUPAGUS
TELLY MONSTER
TWIDDLEBUGS
WARREN WOLF
ZOE

Solution on page 154

Cheers

```
Y H H T Q Q S N N Q L P R G Q Y A D R R
G E F L Q R H C A O C E N O P M R L E E
G P I H U B L U O M G O B L T E A H L D
M F N X W G D T A Q L R Q T D C C L I S
Y S A S J T S L S Y S R H N C T A U L O
W D L R D F C B E A E E E R I B U P I X
S J E E F O R L Q G M T L P E L N T T H
Z A J M H Z L A A E R M B S A L I V H O
K A Z O O E G N S A K O A M C E T N Z W
V H L T H C A O B I S B T L C U H D Z L
X R J S R M N D T T E Y L R O Y Z R I T
V M R U O G G U O N V R O E U N Q I U W
F Y R C H K W N F O A O O G N R E N W O
I S S O S E C A R E F R P U T J Z K Y S
J L T B N A M L I A M F U L A E X I N J
T E R O M A N C E T E D D A N S O N P X
L U O A M D S I N N R G R R T C V G M C
A H P B B C V Y D P O E J S T S R E U Y
N Q S M A Q D C S T E L S N U B E C L N
I X Y N D O J U D B O H O S B C A R L A
```

ACCOUNTANT
ACTOR
ALCOHOL
BARTENDER
BASEBALL
BEER
BOSTON
CARLA

COACH
COMEDY
CUSTOMERS
DRINKING
FINALE
FOOD
FRASIER
FRIENDS

GANG
LILITH
MAILMAN
MANAGER
NBC
NORM
OWNER
PITCHER

POOL TABLE
PUB
RED SOX
REGULARS
RESTAURANT
RHEA PERLMAN
ROMANCE
SAM MALONE
SHELLEY LONG
SPORTS
STOOL
TED DANSON
THEME SONG
WAITRESS

Solution on page 154

Christmas Specials

```
S N L X B V Y F V B C F D A S H E R L S
G D Z V N A Q B S K D I J O A P N E U T
S N D I C K E N S C A R G L R O Z T T U
N F I O D H M E A O A V L A I P Y M Y N
E B H P N R C R B J R M N T M O G T R A
X L E P P N T N N B A C A H B P S W E E
I M V H L O E T I R E M G R D O M C V P
V T O E O O H R K R I Z E N R O A L N E
D I L N S C D S N N G M A F I K I S E R
E R S J N B H U A I M L F Q C B L L D R
Q I H U O L O A R U R J A S I Y L R N Y
Y P W O T L L O R A C S A M T S I R H C
U S W S L X L D G L M S H S B B W E O O
N L O U A I E Y A A I Q S S U E Y B J M
W E K V W L D P C N M E U U C L D M X O
M I Z I T U I A O T C R B I E L N E Q N
T G U T J W P U Y H E E M R X S A C C U
I H I S I Z U Q G M B M R Q O G R E W E
T L L E C L C C S C R O O G E W E D Y Z
Y G I F T S B W V G K Z B C W O N S W D
```

ANDY WILLIAMS
ANIMATION
BELLS
BING CROSBY
BLITZEN
BOB HOPE
CARTOONS
CHARLIE BROWN
CHRISTMAS CAROL
COMET
CUPID
DANCER
DASHER
DECEMBER
DICKENS
DONNER
DR SEUSS
ELVES
FESTIVUS
FROSTY
GIFTS
GRINCH

HALLMARK
HOLIDAY
ICE
JOHN DENVER
JOLLY
JUDY GARLAND
LITTLE
DRUMMER BOY

LOVE
MAGIC
MR MAGOO
PEANUTS
PERRY COMO
PRANCER
RANKIN BASS
RUDOLPH

SCROOGE
SHOPPING
SLEIGH
SNOW
SPIRIT
VIXEN
WALTONS

Solution on page 154

Dallas

```
Z Y L Y D C Q Q A H R A M A R D Y V S H
D R N J R K O R V X H P W E A L T H G W
F E D A W A N N E J Z Y W P G N Z V K Z
O T G E M W L A R E P O P A O S R G W B
W S Z N E E Y U E A H Y R M G I D I C S
D Y A X I R R E P S Y Y K I G A L A B L
Y M P X O M A O R O S K N S S L R N U A
C X H S E F E N F G P Y R S I T P C S E
P Q K P W T F H N F A S D E E P Y A I D
A L C O H O L I C O M D J L B E X T N R
M U R D E R W U C S D O N L W B F T E E
E O I L W E L L S E E H G I H D S L S A
W S Y P K V J E E B C Q N E L G R E S M
I H H C N A R N R I R G N I K N I R D O
N S O U T H F O R K O I N T R I G U E N
G J F R Q Y T I B L V M P P Q T G Y L E
Z Z E P S H S S F R I N P A J H Z U D Y
G W U A E E O N R O D E O G M G O X W M
P D D R C B S A O F S H O O T I N G X B
Q A S Y A F A M I L Y T M Z N F W Z U H
```

MISS ELLIE
MONEY
MURDER
MYSTERY
OFFICE
OIL WELLS
PAM EWING
POPULAR
RANCH
RAY KREBBS
RICH
RIGS
RODEO
SCHEMING
SHOOTING
SHOWER
SOAP OPERA
SOUTHFORK
TEXAS
WEALTH
WILLIE JOE

ALCOHOLIC
BROTHERS
BUSINESS
CARTEL
CATTLE
CBS
DEALS
DIVORCE

DONNA REED
DRAMA
DREAM
DRINKING
FAMILY
FEUDS
FIGHTING
FOREMAN

GARY
HORSES
INTRIGUE
JENNA WADE
JOCK EWING
LINDA GREY
LUCY EWING
MANSION

Solution on page 154

60 Minutes

```
V H V B I S S U E S G T R E P O R T S A
B S C T T Y Z C O G N I N O I T S E U Q
S E L I F O R P O E E A L X T U G J Z R
U G U C O C Y G M T R I U H P I V Y Y M
N M K K R P L N O G T N Z U E X D O J A
D E C I K Y R O U I R P R O D U C E R M
A N K N E E G M C C E L E B R I T I E S
Y T B G V D E I U K H W K L X R V N A I
J S K O E N A E M C T T Q Q L S Y T A L
N X G C T N N D V A A R P J S E B E C A
E E P S S Y C O A E R T U E N R Y R O N
T M R P E O H C O Q N G T O D I D V R R
W H I T E H O U S E A I O I H E J I R U
O C M D P H R M D N D R N R W S Y E U O
R R E C B S N E W S Y F B G P E O W P J
K A T X D Q T N C D Y T J C M C H S T M
N E I I G A V T N O I T A M R O F N I I
A S M I I F C A M E R A B O B S I M O N
B E E L L B B R O A D C A S T O P S N D
W R S S T I J Y E L D A R B D E W J G A
```

ANCHOR
ANDY ROONEY
ARGUMENTS
BOB SIMON
BROADCAST
CAMERA
CBS NEWS
CELEBRITIES
CLOCK
CORRUPTION
DAN RATHER
DEPTH
DETAILS
DOCUMENTARY
DON HEWITT
ED BRADLEY

EDITOR
EVENING
GOVERNMENT
HOUR
INFORMATION
INTERVIEWS
ISSUES
JOURNALISM

NETWORK
POLITICIANS
PRIME TIME
PRODUCER
PROFILES
PROGRAM
QUESTIONING
REPORTS

RESEARCH
SCOTT PELLEY
SEGMENTS
SERIES
STEVE KROFT
SUNDAY
TICKING
WHITE HOUSE

Solution on page 154

The Partridge Family

```
S G E D S Z M Q Q I F F M L U O J F X U
S F Z S G T G Z Y K G P M E V B L K W R
D A A J N R R K Z N J D U V I A F S J S
B F Y P O A E E I M S W E A U R I Z L M
E J H U S I F G C H I L D R E N D L O T
F D P Z T I N Y A N W D I T G R I P J S
F A S H U I D P Q N O E X L A S W I N I
C O U E S O X P B G A C E O W G F A G R
D R I V I N G A S T A M B O U R I N E H
I B A Y T T N H B J O Y C X B C I O N C
S U B S G D N T J M E E G D I R T R A P
T J M R S V A E U K M C I S U M P O P J
X K A S O Y D G V K B H U O K B A Y G L
O W S M A T E N E E T M T V C F D A G O
C Q S F O L H D W X S D R O C E R U M K
U N O Y B T E E N I D O L E M A I A T S
W K P B V W H T R A T P R O G T T M J Y
R X U D B P L E I S S K C E A L B U M O
N B K D J I P M R W Z U D R U M S S A B
H O U Y I H J F E K I D S T I H O M E U
```

ALBUM
BANDS
BASS
BOYS
BROTHERS
BUBBLEGUM
CHILDREN
CHRIS

COMEDY
CONCERTS
COWSILLS
DOG
DRIVING
DRUMS
FANS
GARAGE

GET HAPPY
GUITARS
HITS
HOME
KEITH
KEYBOARD
KIDS
LAURIE

MANAGER
MOTHER
MUSICIANS
PARTRIDGE
PIANO
POP MUSIC
RECORDS
ROAD
SEVENTIES
SINGING
SINGLE MOM
SONGS
SUSAN DEY
TAMBOURINE
TEEN IDOL
TOURING
TRAVEL

Solution on page 155

The Wonderful World of Disney

```
F K R W O O O T U L P E T E R P A N R O
Q X R H L G F S C T R O L O C J W O L I
Q E E L D E E W T T E K C O R C Y V A D
L P H U O A K Y I R N V D A J K G P F U
O D P F P A S N O F S R L U H B A S Y T
G O O H E D K Y F N I L N F M O A N D S
N O G S Y E E J A R E G F N S B N M G Q
O W V A R E Z A A R L E C F V C O T B A
P Y B B P F Q X E E E I U N Q S G Z A I
I L E E F I W D B T A S G Q U D D Y A S
G L E H T U N O V C H M N G L Q D N F A
L O K O K I O O C N C H R O Y I I W A T
E H R N C K H Z C A I U T Z O M V N V N
T J E E U W P W H C M A D H A T T E R A
Y M G H D S S Y W P H G W T U H R R G F
Z K G O Y N L A Y O E I I W O M E A S U
E G I U S E U E C U N O O L A Y P M C I
E T T R I U U O E J N S O B E L L E V A
N I D D A L A H L P H G V U B I T S R I
S Z Y E D A G O O F Y P D F F U S N S K
```

ALADDIN
ANIMATION
ANTHOLOGY
BAMBI
BASHFUL
BELLE
CARTOONS
CINDERELLA
COLOR
DAISY DUCK
DAVY CROCKETT
DOPEY
DUEY
DUMBO
EEYORE
EVIL QUEEN
FANTASIA
FILMS
FLOUNDER
GOOFY
GOPHER

GRUMPY
GUS
HOLLYWOOD
HUEY
JUNGLE BOOK
KANGA
MAD HATTER
MICHAEL EISNER

ONE HOUR
PETER PAN
PIGLET
PINOCCHIO
PLUTO
POCAHONTAS
PONGO
SLEEPY

SNEEZY
SNOW WHITE
STUDIO
THUMPER
TIGGER
TINKERBELL
TWEEDLEE
WALT

Solution on page 155

Meet the Press

```
C A B I N E T O M B R O K A W Q H M L H
V S S S E R G N O C I T Y U H K I C Y Z
E L B A T D N U O R P R E S I D E N T J
C T Y O D T I M R U S S E R T A J W O J
O S A Q I V N S E D D U M R E G O R H U
N S D N R O N C T Y D U H T H V N B C D
O C N O E S U Z H R C L Y U O H B O E I
M I U L O S R T E R I C A T U E M M B C
I T S A R V T I T L I C E S S M O G N I
C I B M N H S N A L E S T T E C A A H A
S L L Q O T E V O F G C W N R R C I U L
E O A R M R G P J I F O T A R I S D W A
I P K E L Q N X V S S A T I L M H E E C
T L N K L G O I P D T S C B O L S M I I
R A I A I W L I N O E K U I S N A M V P
A T V E B T V S R G U P U C L X S C R O
P F R P E A L S U T E D W F S B C E E T
B O A S K L Z U L R P E U A M I U O T C
F R M H A K N E D B R O O K S B D P N A
A M Q W P P Y S T A T E S X P P E R I L
```

PLATFORM
POLITICS
PRESIDENT
PUBLIC AFFAIRS
REPUBLICAN
ROGER MUDD
ROUNDTABLE
SENATE
SPEAKER
SPIVAK
STATES
SUNDAY
TALK
TIM RUSSERT
TOM BROKAW
TOPICAL
VETO
VOTE
WHITE HOUSE

BILL MONROE
CABINET
CHRIS WALLACE
CITY
COMMENTATORS
CONGRESS
DEMOCRAT
DISCUSSION

DISTRICT
ECONOMICS
ELECTIONS
FOREIGN POLICY
GARRICK UTLEY
INTERVIEW
ISSUES
JUDICIAL

LONGEST RUN-
   NING
MARVIN KALB
MEDIA
MORNING
NBC
NED BROOKS
PARTIES

Solution on page 155

All in the Family

```
O Y X F E A U N L D I T R H I C Z F Y W
G R U M P Y Y S L S W Q E C H G N O F R
O X K Q R D G N L U T D A I R O T S A Y
L I O N E L O A F S D A E H T A E M L N
V U Q M J D Q L I Y Z W C O L L E G E Z
O Q O J U R C C O B U R G L A R S Q E D
K C N R D N A B S U H G H U I E C H X M
W J A T I R S J E K I M I C N G I I U V
D D I O C R S Q I N G S A J S A T P Y E
Z W P H E R O B R E I N E R U I I P A F
L P A K A C Y L I M A F O J L R L I M I
Z I N G O P N K N V F E Z S T R O E O W
R U I U J Y B A J E D J D C E A P I C E
B C P G Z I K V R S K A R G U M E N T S
H L R L G O R S N O U O Q Z N T E A I U
E G R O E G O Y D G N W P U O B V H S O
N M T R K N Y M H P T G R S E A E P T H
R D K I S Q W T A B G N I D T E R E E T
Y R M A N T E I V N B P K S Q U N T R Z
F S Q D K R N I X O N F X Y D M O S H R
```

AMERICAN
ARGUMENTS
ASTORIA
BEER
BIGOT
BUNKERS
BURGLARS
CHAIR
CIGARS
COLLEGE
COMEDY
COUPLE
DAUGHTER
DINGBAT
FAMILY
GEORGE
GLORIA
GRUMPY
HENRY

HIPPIE
HOUSEWIFE
HUSBAND
IGNORANCE
INSULT
JEFFERSONS
LIONEL
LOUISE

MARRIAGE
MEATHEAD
MIKE
NEW YORK
NIXON
OUTSPOKEN
PIANO
POLITICS

PREJUDICE
QUEENS
RACIST
ROB REINER
SITCOM
STEPHANIE
THEME SONG
VIETNAM

Solution on page 155

The Beverly Hillbillies

```
A G T P T T P L Q J A P O B R V N R G C
P E A R L D U R C O O Z A R K S T K R H
P W U D E H U O W P R K E Q Z X H I E K
E C C A E R M H O Q U T P C E Q T N E L
K L V I C E U S R M A L M O V T S F D M
D X L S D V S N B T A F A U E E Q O Y X
I U H Y U U Q N S F H N W R L J G L T O
M Y T M M F F E S A N P S T U R P K I X
C D L C N A B N N N E E T I A R M G C L
G K A I O M Y I O A O I I N O P I Y Z U
B I E N M U M R V S V B D G T N L S Q G
T T W D C A N H A K N M B E H O L N M I
V C N A L E F T R T A O N I H B I P Q S
Z H Y S D U K E R K E N I H S N O O M E
S E K H M S N J F Y E R G T T H N R M N
G N I T N U H Q J S E I C A O D S W S A
R S H O T G U N S K L C O E R P G N S V
C D X R A E B E N A E H W S S O G V Q H
J M O Y J T E A W A M O N E Y P O L A J
E F N Y Z A B V W S U U H E M G D M R X
```

ANIMALS
BANKER
BEAR
CITY
COMEDY
COUNTRY
COURTING
CRITTERS

DAISY
DANCE
DASH
DOG
DUKE
ELLY MAY
ESTATE
FAMILY

FORTUNE
GRANDMA
GREEDY
HUNTING
JALOPY
JETHRINE
KANGAROO
KINFOLK

KITCHEN
MANSION
MILLIONS
MONEY
MOONSHINE
NEIGHBORS
OPOSSUM
OZARKS
PEARL
POTIONS
RERUNS
RICH
RURAL
SECRETARY
SHOTGUN
SNOBBISH
SWAMP
TENNESSEE
TRUCK
VITTLES
WEALTH

Solution on page 155

The Brady Bunch

```
T A B E P S O H L M N Q P I L P A X U O
J P N G X E A E O P I R Z Q Z T T V C O
J U F U I B H M C M T K B M U L P E V E
I W Z J B P H C O S T C E T I H C R A O
X W Y W W H I O V W C R E F R I E N D S
A H F S A S I B U N K B E D S Z A H Y L
U P Z M U D K G F S M L A P R J V B E V
A A I M S B H A H A E K L C V I B N F S
G R A P A I U B R S Y K S A K O V O L X
F E W J U L B R S H C U E I B Y L I S E
A N T M E G I O B C L H D E S T A J N O
I T T I J A N C H I N I O S P T O R X G
C S R U G S L I E S A O A O G E E O D Z
R J R E B E L O W M I K K I L P R R F T
A E W E H D R E U O M N P E G G E G S U
M C W G H C C G Z S R E G A N E E T G B
T I Q O Z T T T P E Y G K I D S R N S O
O N O Z D L O U T Q O P T Z N K M G L Y
U D X Y P I P R B D C A R O L G I R L S
D Y G P Q V W N B N D B G U H E S Z B M
```

ABC
ALICE
ARCHITECT
BACKYARD
BOBBY
BOYS
BROTHERS
BUNK BEDS
BUTCHER
CAROL
CHILDHOOD
CINDY
DATING
DOG
DRIVING
EVE PLUMB
FOOTBALL
FRIENDS
GIRLS

GREG
GROWING UP
HIGH SCHOOL
HOUSEKEEPER
JAN
JEALOUSY
KIDS
LIFE LESSONS

MAID
MARCIA
MARRIAGE
MIKE
MOM
MUSIC
PARENTS
PETS

PIGTAILS
SAM
SINGING
SISTERS
SUBURBIA
TEENAGERS
TIGER
WIDOWER

Solution on page 155

I Love Lucy

```
B G I L E Y S J E O Y B U L C T H G I N
J X O Q W C O W L R W Y G N I N W O L C
P N K H I L N A L O A L O E N E C E J F
Z V B K H D N A I J C D M W G M H N Y W
L R Y T E D F I V F K M I Y J T A N G O
N F H R L W F O E G Y E I O E R P Q N L
A J F O A X D Z D S E R W R D A O S U K
U K R P A R M P U X M T Z K G P S C U S
G D S I A T S L A S M Z A N R A I S E D
S D N C M C O N V E Y O R B E L T P X N
F B I A I I B N O X E N R S L U Q A P E
I R T N B T A A A I O L D E C N V N E I
Y S R A Y S N M N B T Z B I R K O I C R
E W I A G E U A I D U A T U C U G S T F
E G C N T B L H V B L C U G O A N H I Z
T D K R G C G W B L E E T T F R T A N F
Y K S P R E G N A N T A A J I F T E G J
V R G H D Z R D N R X H C D R S Z B D I
D O O W Y L L O H J F W X H E C Z D G S
X J O I C H C E N O T S N W O R B J J W
```

RADIO
RERUN
RICARDO
SINGER
SITUATIONS
SON
SPANISH

ANTICS	DESI ARNAZ	HUSBAND	SYNDICATED
APARTMENT	EMMY	LANDLORDS	TANGO
BANDLEADER	ETHEL	LUCILLE BALL	TRICKS
BROWNSTONE	EXPECTING	MERTZ	TROPICANA
CLOWNING	FRAWLEY	MIAMI BEACH	TROUBLE
CONNECTICUT	FRED	NEW YORK	VANCE
CONVEYOR BELT	FRIENDS	NIGHTCLUB	VAUDEVILLE
CUBAN	HOLLYWOOD	PREGNANT	WACKY

Solution on page 156

Drama Shows

```
M T S E N Y T P M E L P R A M S S I M Y
T C P B W P A R T Y O F F I V E T J F S
P S H C A E B A N I H C U B S C H K L E
V R E U N I O N C E A N D A G A I N I E
D A W S O N S C R E E K H D O L R O P R
F M R D P T T A G T H G E A N P T T P T
N A V E O W O K I I C R A B O E Y S E N
T C T A D I N S L D T E R G S S S L R I
H I F D O N P I M S A S T N E O O A Q N
E N E L O P U S O E W C B I O R M N U E
S O L I F E B T R C Y U R K G L E D E M
O R I K L A L E E N A E E A E E T I E A
P E C E U K I R G E B M A E F M H N R D
R V I M O S C S I F F E K R I O I G A M
A Y T E S X O L R T E X H B L K N N S E
N M Y S O C A L L E D L I F E C G A F N
O W G K K R A H S K O C G S Q O T M O V
S A V I N G G R A C E T H E N I N E L J
J T H E W E S T W I N G D E X T E R K D
T H E S H I E L D P A C I F I C B L U E
```

BAYWATCH
BOSTON PUBLIC
BREAKING BAD
CHINA BEACH
DAWSONS CREEK
DEAD LIKE ME
DEXTER
EMPTY NEST
FELICITY
FLIPPER
GILMORE GIRLS
HEARTBREAK HIGH
JAG
JOAN OF ARCADIA
KNOTS LANDING
LIFE GOES ON
MAD MEN
MELROSE PLACE

MEN IN TREES
MISS MARPLE
MY SO CALLED
   LIFE
ONCE AND AGAIN
PACIFIC BLUE
PARTY OF FIVE
PICKET FENCES

QUEER AS FOLK
RESCUE ME
REUNION
SAVING GRACE
SHARK
SISTERS
SIX FEET UNDER
SOUL FOOD

THE NINE
THE SHIELD
THE SOPRANOS
THE WEST WING
THIRTYSOME-
   THING
TWIN PEAKS
VERONICA MARS

Solution on page 156

Lost

```
T H L W U U B L Z R X A I Y O E H P J L
M N I N N V U K Z J E U Q G J U N G L E
H T X X O B A T O D C G U O R J H O J M
P Q I I Z T N O N N A H S L U N A A O O
L B E D E X T R O U B L E L O I C M B B
D R A M A F T U E M G Y I P Z K O R E A
Q G I G T N M R B B P E A E N K V A G S
Z D K G Q U I Y R E T S Y M D I Y A S T
P R E Y W A S E C R E T S Z R E S C U E
V O V A I W R Z L S P H I Q O A T P G D
K K L H T I O B B F H G P J T D H H R P
Y T S M A H H A W A I I L E C Q G D A P
Z K E L W T J I N T O L I P O Q L U W N
Z X C W B J C S F D K F Y Y D P L Q N C
B U H L P P O H G X E A A N N O L N U S
M A C E R C G H Y A T I U T N F F E K R
Y M N R M M O N N H Y O I F E E R K N J
L O C F H E Y C F R F E H A S Q P C T N
N M H R C B S D D Z S V K R Y R S O B B
S W U Y K P Q C H A B P C Q N Z P L G A
```

ABC	DRAMA	HATCH	JOHN
BOONE	EKO	HAWAII	JULIET
BUTTON	ETHAN	HOT	JUNGLE
CLAIRE	FATE	HUGO	KATE
DANIEL	FLIGHT	HURLEY	KOREA
DEATH	FOUND	JACK	LOCKE
DHARMA	GUNS	JAMES	MYSTERY
DOCTOR	HANSO	JIN	NIKKI
			NUMBERS
			PAULO
			PENNY
			PEOPLE
			PILOT
			RAFT
			RESCUE
			SAWYER
			SAYID
			SECRETS
			SHANNON
			TROUBLE
			WALT

Solution on page 156

Veronica Mars

```
K T G J Y K N V W K M M T M O Y V L J L
W Y W B J S Y V S U I N E G E L L O C V
E N R E T H G U A D V E N T U R E W N I
F A M I L Y W B H Q Y G P S O L V I N G
M C B O G A R T B N H I G H S C H O O L
E N W E C E E A F S H E M I R C U V X D
O U T C A S T X C S D P L G A C T I O N
G D Q K S F R H N K U V M I M D I X F P
I L U U A S O O O K E N N R E S P T L U
R P O T B O I V B R C R S L N Y I E E V
E E H G L T K C Y T O L Y S N R E E O U
D E F B A B Q E N F H D I L A E V N N N
R V U L N N O J I A E O P L I T V D K D
U S E I C O B L D T R K M E L S B R F E
M R Q N A K A M E I H F Y A V Y V A R R
R V C J S C O C A R E M M U S M K M I C
S T U D E N T K T L K D A T I N G A E O
D S H E R I F F H D N E I R F Y O B N V
G W E E V I L B H U M O R Q S S H S D E
E S R E L L I K V E V I D E N C E Q S R
```

ACTION
ADVENTURE
BOGART
BOYFRIEND
BREAK UP
CALIFORNIA
CASABLANCAS
COLLEGE
CRIME
DATING
DAUGHTER
DEATH
DETECTIVE
DON LAMB
DUNCAN
EVIDENCE
FAMILY
FATHER
FRANCIS
FRIENDS

GENIUS
GIRLS
HIGH SCHOOL
HUMOR
JOEL SILVER
KEITH MARS
KILLER
LIANNE MARS

LILLY KANE
LOGAN
MURDER
MYSTERY
OUTCAST
RELATIONSHIP
ROB THOMAS
SCHOOL BUS

SHERIFF
SOLVING
STUDENT
SUMMER
TEEN DRAMA
UNDERCOVER
UPN
WEEVIL

Solution on page 157

Gilmore Girls

```
H G C E L F Z H P H W C M M Q J A F S D
R F S R Z P Y W M O Q H M K J Y S K R Z
J B C F P T A L X U L S N A N L O A E U
N J X D U K G L I U V V N N X O V T H L
M S N D V F J R I M N N N E B R A D T V
M U N C F F K R L E E K U L A L W M O U
F A M I L Y D R O F T R A H K P L A M I
B C R T O D D L O W E E G I L M O R E W
V G J N P O L I T I C S N E P E G R Y I
Y B T A J N N F I H O G T Q G L A I H R
Y R L M C R O E F O L U G I X A N A T A
J G O O R K I H V E L L B G V Y N G L X
L C M R V E S C B T E H A Y M A Z E A D
W N P W N E N O H G G F R N T O L N E H
T G K E T O A N N A E S F N E O E Y W T
G R M O I R M I I V R L E O R K C D S A
B O U Y R K T G I D F D P E C P I E P E
W Q H K O A O K U Z U M L J E S S M A D
M Z T U D D O O G T T A Y L O R U O S R
O T O K B W C W S A I J T T D R M C U Z
```

BAND
BOOKS
CHEF
COFFEE
COLLEGE
COMEDY
DATING
DEATH

DINNER
DOG
EMILY
FAMILY
FESTIVAL
GILMORE
HARTFORD
HARVARD

HAY MAZE
JACKSON
JESS
LANE KIM
LOGAN
LORELAI
LOVE
LUKE

MANSION
MARRIAGE
MOTHERS
MUSIC
POLITICS
QUIRKY
QUOTES
RICHARD
ROMANTIC
RORY
SOOKIE
STUDENT
TALKING
TAYLOR
TEENAGE
TODD LOWE
WEALTHY
WOMEN
YALE

Solution on page 157

Soap Operas

```
C H A N C E S T S E R C N O C L A F S I
J G B T Q U H I D D E N P A L M S O M M
B Q E C A L P N O T Y E P I A N N X L G
A T L N E C H O B E A C H L E E O Q A N
N H L R E S R O T C O D L D L V I I P I
H G B I E R I S E D N M E I H E S R D V
D I I V H L A M A O Y O F N C R S E L O
R L R E Z H M L M C T E L S A T A F I L
M G D R N I L H H N T R B E E O P I W L
O N H C Y A C I R O I J A B B O Y L A I
N I O I S I L U L G S U E I E Y L R T H
A D M T R D T I P O L P I R S O I E C Y
R I E Y R E V I S N A T I T I U M H H A
C U A E R E S O M E R S E T D N A T O W
H G N I S S O R C S N A W S A G F O V A
C J D T O A N O T H E R W O R L D N E R
O B A G T E X A S A N T A B A R B A R A
V B W J S E L R A H C T R O P S A D M F
E C A L A P H S A R C O D A R O D L E W
S P Y D E R G A M E S L L A F L E G N A
```

ALL MY CHILDREN
ANGEL FALLS
ANOTHER LIFE
ANOTHER WORLD
BELLBIRD
CHANCES
CRASH PALACE
DALLAS
DESIRE
DOCTORS
ECHO BEACH
ELDORADO
FALCON CREST
FAMILY PASSIONS
FARAWAY HILL
GENERAL HOSPITAL

GOSSIP GIRL
GUIDING LIGHT
HIDDEN PALMS
HOME AND AWAY
LOVING
MONARCH COVE
NEVER TOO
   YOUNG

ONE LIFE TO LIVE
PARADISE BEACH
PEYTON PLACE
PORT CHARLES
RETURN TO EDEN
RICHMOND HILL
RIVER CITY
SANTA BARBARA

SOMERSET
SPYDER GAMES
SWANS CROSSING
TEXAS
TITANS
TRIBES
WATCH OVER ME
WILD PALMS

Solution on page 157

Legal Dramas

```
J L V G Y V T W P D L O Q S A M E P E G
W P A C E H S G L L F D O V Q V H F L T
V J Q I C Q Z M M R E L S U E W Z W I C
H R G V R W E C I T C A R P E H T S F I
Z S H I A T Q R E N P A W E G D U J A D
H Y E L K T R U O C E C R O V I D U M N
L V A T T C I D R E V Z F P T D J D I I
I L D E T D L A E B C M Y L L A S G L S
A T V S T L L A V K A T R E M S H I Y D
B R I E F I E E G F E E S S Z T V N L N
M Y C S V C C N V E T Y W C C A P G A F
T E E A E I O S T A L E D O H E L A W Q
R I S C S N R U I G A N U U R A U M C R
J S U Q X A T N N R X R O R J W R Y F E
H I C Q Z R E Y S S T X Y T H E T G G C
N D C L C R P Z U H E M M N S X G F E U
H E A R S A Y A M Z A L Y E R O D D Q S
B B A C T I O N M S Y T L I U G B M U E
H A Y Z D G K C O L T A M L E B I L S J
A R Y W F N X N N G O W H C N E B V W C
```

JUDGE JUDY
JUDGE WAPNER
JUDGING AMY
LA LAW
LIBEL
MATLOCK
NIGHT COURT
PEOPLES COURT
PERRY MASON
PETROCELLI
PLEA
RECUSE
RETAINER
SETTLE

ACCUSE
ACQUIT
ACTION
ADVICE
ALLY MCBEAL
ARRAIGN
BAIL
BENCH

BOSTON LEGAL
BRIEF
CASE
CHARGES
CITE
CIVIL
CLIENT
COUNSEL

DIVORCE COURT
FAMILY LAW
FEES
FILE
GUILTY
HEARSAY
INDICT
JAG

SIDEBAR
SUIT
SUMMON
SWEAR
THE PRACTICE
TRIAL
VERDICT

Solution on page 157

Heroes

```
E E F P I H K M T U T H G I F O E R X S
U U Q L C X V H M L G L E H G K F P T W
N R A X U U H G P I H L T A D B S P S Y
S N T M I V M S A O N A V G L S L L Z T
R C L P N U T D S E P D N D F I I Z H V
Z P O J R R V F T M G I S T R E N G T H
A Y V D D E J T E O Y D F T T B D G A A
G D E R N O I T U L O V E A C G E Z E Y
E R U T U F J W F L B N K L N K R Y D D
W G U S W G S R U Y N I J W W T M H N E
S R N C R S E C R E T S S M P O A D F N
E S E N A P A J B G I N D I A D N S L S
I U N L E W T R E H P W F R V Q C K Y T
H S M I E W M S N O A H U O D N A J I U
R P R S A I Y E I L P S T O P T I M E H
L E A Y C L R O X T E V S A T E K W V N
H N L A T H L B R S R E H T O R B Q F A
B S Y D I O O I A K V A S C I T E N E G
I E S W O R D O V G R E B N U R G C S X
K U J S N N M B L L N P G N I T N I A P
```

ACTION
ADVENTURE
ANDO
ARTIST
BROTHERS
DEATH
DRUGS
EMPATH
EVOLUTION
FANTASY
FIGHT
FLYING
FUTURE
GABRIEL
GENETICS
GRUNBERG
HAYDEN
HEALING
INDIA

INVISIBLE
JAPANESE
KNOWLEDGE
LINDERMAN
LOVE
MINDS
MOLLY
MR BENNET

MURDER
NBC
NEW YORK
NOAH
PAINTING
PAPER
PAST
SCHOOL

SECRETS
STOP TIME
STRENGTH
SUSPENSE
SWORD
SYLAR
TIM KRING
VILLAINS

Solution on page 157

The Sopranos

```
J Q P S C Q Q Y P A G O A Y L O B P X U
S K V Z R E P J H Q W S S M J T O N Y H
C D T V Y R L B Q G N Z J H U E I S A L
F L W V P J O C C A R B H X M G C I M C
B R F S A G Y I N L V X H I T M A N B U
I H G L R D A H N U R Z D K I L L I N G
I O I U E E L M S U G A R B A G E L M C
H B T A H N T B O A J R U M M A M A H D
M H T P T I Y S M N Z A E P I X R R F J
Y H A H H P R O B L E M S V S O A E A S
V S I B F V T K L O E Y I U E U C N L U
X E O Y R H U I C A M L F U X N I U C K
G M W F E F O O D A W A K R E C G F O S
A A F R W L X O F J M T R L E E H E A R
W J N T O U W I W I F E O R C I F M N E
V R V E P J A I L H S I Y C I N I M O D
Q L B X R V Y Y O Q V K W I G A L W S R
B Z J A R F Z T C E P S E R A U G N I U
G W I Z J L Z N I V F M N S R B U E R M
F C F R M C K N H C W V C W S G E Q P U
```

BRACCO	FAMILY	JAIL	MAFIA
CARMELA	FBI	JAMES	MARRIAGE
CIGARS	FOOD	JANICE	MEADOW
CITY	FUNERAL	JUNIOR	MOB HIT
DEATH	GARBAGE	KILLING	MOBSTERS
DIMEO	GUNS	LAW	MONEY
DOMINIC	HBO	LIVIA	MOTHER
FALCO	HIT MAN	LOYALTY	MURDERS
			NEW YORK
			PAUL
			POWER
			PRISON
			PROBLEMS
			RESPECT
			REVENGE
			SEX
			THERAPY
			TONY
			UNCLE
			VIOLENCE
			WIFE

Solution on page 157

Mad Men

```
B P V K I T C F E P D O N D R A P E R G
N D H W B C U L T U R E D G N I K O M S
S E R O T A V L A S D N E I R F T Z G N
I S I I B L F E K I R T S Y K C U L R O
X U T G N K X R T S I P A R E H T P C S
T O N Z H K K C A T T A T R A E H B R T
I H E Q R B I W Y Y N G I A P M A C D A
E E I Y S O O N N E R D L I H C U C E L
S N L Z E R L R G B T M M A H N O J I G
U I C M T V E Y S R R U M V H R F N J I
I W W A T R G T A E L E F S P I F Q C A
T A D N E D A G C T V P T O I I I U M W
S T I H R N I P Q A N I R I D X C L N O
A D T A A A R S E I R A T E R C E S Y T
L F W T G X R W F G T A L U L W N S L N
C E F T I H A A Y E G I H A C Y Y H K U
O B L A C K M A I L T Y E C G E T P O O
H K D N I O F V Y T E I C O S X S O C
O O R B L R N Z A W O R K P L A C E R C
L S R Y H I S T O R Y S S E N I S U B A
```

ACCOUNT
AD CAMPAIGN
AFFAIRS
ALAN TAYLOR
ALCOHOL
ART DIRECTOR
BLACKMAIL
BROOKLYN
BUSINESS
CHARACTERS
CHILDREN
CIGARETTES
CLIENT
COPYWRITER
CORPORATE
CULTURE
DON DRAPER
DRINKING
EXECUTIVES

FAMILY
FRIENDS
HEART ATTACK
HISTORY
INFIDELITY
JON HAMM
LUCKY STRIKE
MANHATTAN

MARRIAGE
NEIGHBORS
NOSTALGIA
OFFICE
PEGGY
SALVATORE
SECRETARIES
SEXISM

SIXTIES
SMOKING
SOCIETY
STYLE
SUITS
THERAPIST
WINEHOUSE
WORKPLACE

Solution on page 158

Twin Peaks

```
G E B U D C J E B D S N H I B Z S L Y L
H Q M R C Y C Q H E C N V Y P O Q I L V
Y R A I D U D O D T V S H E R Y L L E E
M M X A R E L O G L A D Y Q O E H W T J
A A X U D C S T B F P C E T S D T W O I
E E W K E I S I U F O C K N T N O S H N
E A N J P L T K B R I K G E I E W G Y A
B I K E R O B I P R E D Z G T B N U V M
T N A I G P Z S T Z A M G A U H C R W O
W O S P I A E N G V Z E K I T T T D G W
D T M Y R R E B I I L U M B E R J A C K
A U A R O C R D O A B E E F F O C M E S
W H E R C O L W D N F R E G A N E E T D
U E R E T Y L T S O R F K R A M S L O O
J I D H N S N O Q U A L M I E H P E F O
M S E C R E D R O O M U W R E D R U M W
P L H I G H S C H O O L A R E N U F B U
Q T S A C D A O R B T S I W T W F P E J
N J I B K H Z N P H L F B A X C X K M Y
S M A L Z E D I W I F A D B S M E E V T
```

			HOTEL
			LOG LADY
ABC	COFFEE	DREAMS	LUMBERJACK
AGENT DALE	CORPSE	DRUGS	MARK FROST
BIKER	CRIME	ECCENTRIC	MIRROR
BIZARRE	CULTURE	EPISODES	MURDER
BODY	DAVID LYNCH	FBI AGENT	MYSTERY
BROADCAST	DEATH	FUNERAL	NORTH BEND
BROTHEL	DIARY	GIANT	OWLS
CHERRY PIE	DRAMA	HIGH SCHOOL	POLICE

PROSTITUTE
RED ROOM
SHERIFF
SHERYL LEE
SNOQUALMIE
TEENAGER
TOWN
TWIST
WOMAN
WOODS

Solution on page 158

Perry Mason

```
Y Y R A T E R C E S V C B S Y R U J I R
H N M R R Y R E T S Y M X E M B I A Q O
M O B K U I X A F D F H S S E N T I W T
U X M T M B N C T O M I S A R S V L I U
Y Q I I Z D D N H M S L L C J E S D L C
V U N Y C S E N U N E G A E C L D X L E
S A N K T I N R O T A G I T S E V N I S
L K O S L T D I G M J X R S L G T R A O
V M C C U E S E L G Y K T L B N O E M R
K W E V V S A Z E L A A A S C A K D K P
C Y N E E M P I F I O S R P C S R R A P
P C T F A R O E N F T C E J O O M U T W
Y S N R M E S O C R I R Y C U L L M T M
K O D S F N T F E T O L E A N D I Y H M
C M X A G O O E O E U F I G R E G C I H
I V C O U R T R O O M R I A R L D E E M
D T C D I O P Z T X I C K L B O T I S A
S N J U L C Q W E S L E Y L A U T O V R
F E F Z T S I W T U D D E T E C T I V E
U P R E Y W A L E N N U R N Z D A B J Y
```

BAILIFF
CALIFORNIA
CASES
CBS
CLIENT
CLUE
CONFESSIONS
CORONER
COURTROOM
CRIMINAL
DELLA STREET
DETECTIVE
DICK
DRAMA
EVIDENCE
FACTS
FILE
GERTIE
GUILTY
HOMICIDE

INNOCENT
INVESTIGATOR
JAIL
JUDGES
JURY
LAWYER
LOS ANGELES
MURDER

MYSTERY
PAUL DRAKE
POLICE
PROSECUTOR
RAY COLLINS
RAYMOND BURR
SECRETARY
STAND

STEVE DRUMM
SUIT
SUSPECT
TRIALS
TWIST
WESLEY LAU
WILLIAM KATT
WITNESS

Solution on page 158

Teen Dramas

```
B R E A K E R H I G H X M O S S O L B S
Y G O N E T R E E H I L L E W S O R E W
K F Y A W S N I L T I A C K Y L E X Y A
E R H I D D E N P A L M S D A R I A O N
E I H D M G Y O U N G A M E R I C A N S
R D D N A L R E M M U S L C O E H T D C
C A L I F O R N I A D R E A M S I C T R
S Y J E E C A L P E S O R L E M E I H O
N N U I B E A U T I F U L P E O P L E S
O I S R B S R A M A C I N O R E V B B S
S G T E N Y T I C I L E F I S A R U R I
W H D E P E V I F F O Y T R A P A P E N
A T E R E H W O N F O H T U O S L N A G
D L A Y C I T Y G U Y S P Z G R U O K E
R I L A I D A C R A F O N A O J P T E T
H G I H Y E L L A V T E E W S P O S E R
H H M E T N I O P O T T E M L A P O R E
R T Q T C F X E S E T I S O P P O B G A
O S K E E G D N A S K A E R F A N G E L
R L R I G P I S S O G U G L Y B E T T Y
```

HIDDEN PALMS
JOAN OF ARCADIA
JUST DEAL
KYLE XY
MELROSE PLACE
ONE TREE HILL
OPPOSITE SEX
PALMETTO POINTE
PARTY OF FIVE
POPULAR
ROSWELL
SOUTH OF
    NOWHERE
SUMMERLAND
SWANS CROSSING
SWEET VALLEY HIGH
THE OC
TIME OF YOUR LIFE
UGLY BETTY
VERONICA MARS
YOUNG AMERICANS

ANGEL
AS IF
BEAUTIFUL
    PEOPLE
BEYOND THE
    BREAK
BLOSSOM
BOSTON PUBLIC

BREAKER HIGH
CAITLINS WAY
CALIFORNIA
    DREAMS
CITY GUYS
DARIA
DAWSONS CREEK
EERIE INDIANA

FELICITY
FREAKS AND
    GEEKS
FRIDAY NIGHT
    LIGHTS
GET REAL
GOSSIP GIRL
GREEK

Solution on page 158

The West Wing

```
N Y D A L T S R I F W A S H I N G T O N
E R I H S P M A H W E N A M Y L H S O J
E L I A G I B A N I L A M A U H S O J I
H Y S T O W H I T E H O U S E N A T O R
S P A N D I K C I T A R C O M E D U Y W
N L J E C B N R I C H A R D S C H I F F
I E I D A Q O S E C R E T S E R V I C E
T O M I F F I S L D I E W O L B O R R J
R M M S K F T B N I K R O S N O R A A O
A C Y E N N A J N O S I L L A H K Q Y H
M G S R E T R T Y G I A D L A N A L A N
A A M P C H T R S C O T P O L I T I C S
U R I E I T S V O F O V C A N I E O N P
S R T C F A I D E S O U E E U N H X S E
R Y S I F E N O I S I F N R L U A C E N
E A X V O D I S T N E V E T N E R R U C
Y E N O L O M L E N A J D I R M P O S E
W A L K A N D T A L K S B A H Y E M S R
A B T S V N A M S S E R G N O C R N I S
L I N R O B A E S M A S C A N D A L T F
```

AARON SORKIN
ABIGAIL
ADMINISTRATION
ADVISOR
AIDES
ALAN ALDA
ALLISON JANNEY
CHIEF OF STAFF
CONGRESSMAN
COUNTRY
CURRENT EVENTS
DEATH
DEMOCRATIC
DONNA
ELECTIONS
FIRST LADY
GOVERNMENT
ISSUES
JANEL MOLONEY
JIMMY SMITS
JOHN SPENCER

JOSH LYMAN
JOSHUA MALINA
KATE HARPER
KIDNAP
LAWYERS
LEO MCGARRY
MARTIN SHEEN

MATTHEW
SANTOS
NBC
NEW HAMPSHIRE
OVAL OFFICE
POLITICS
RICHARD SCHIFF
ROB LOWE

SAM SEABORN
SCANDAL
SECRET SERVICE
SENATOR
VICE PRESIDENT
WALK AND TALKS
WASHINGTON
WHITE HOUSE

Solution on page 158

Boston Legal

```
O W H I T N E Y R O M E T H I C S J J I
D R N Q I H R E L L I M Y R R A L I S P
T E P R O F E S S I O N A L A I R T T I
M I A D I G U P C O U R T R O O M N O H
R H R E N S A B R A D C H A S E L U R S
I C T N H T B L N A K A T I E L L O Y D
F R N N P T E O H O C Y E R F F E J L N
W A E Y O E S R A T S T S E U G B E I E
A E R C V S I P G Z J L I U M M E S N I
L S S R R U N P A U R M I C S H C N E R
A E P A E H E E D U U Q I W E U N E L F
W R I N D C D G P R L V M P A F E F O T
S S N E A A E N D S I L J C U R R E R L
U R O L P S Y E L L E K E D I V A D I O
I E F O S S R S L L A Y B W K G L T C H
T Y F O S A L A N S H O R E I G C E O A
S W I P E M W H A N N A H R O S E P L R
G A C J M O N I C A P O T T E R T J S A
U L E T A T T O R N E Y S F E J U O O S
R U S E J K C A S L R A C B O S T O N D
```

ALAN SHORE
ATTORNEYS
BOSTON
BRAD CHASE
CARL SACK
CIVIL LAW
CLARENCE BELL
COURTROOM

DAVID E KELLEY
DEFENSE
DENISE BAUER
DENNY CRANE
ETHICS
FRIENDSHIP
GUEST STARS
HANNAH ROSE

JAMES SPADER
JEFFREY COHO
JERRY ESPENSON
JUDGES
KATIE LLOYD
LARRY MILLER
LAW FIRM
LAWSUITS

LAWYERS
LORI COLSON
MASSACHUSETTS
MONICA POTTER
MURDER
OFFICES
PARTNERS
PAUL LEWISTON
POOLE
PROFESSIONAL
RESEARCH
SARA HOLT
SPIN OFF
STORYLINE
TARA WILSON
THE PRACTICE
TRIAL
WHITNEY ROME

Solution on page 158

Desperate Housewives

```
U S B E I K N V I I L C J E E U M W S Q
T N K O W L V G U M J X C A N C E R I X
L A V W L F U K A R L M A Y E R O X I C
W L J P A R K E R C H T A E D M B V H K
J K V R O M A N C E S O H N U C A I K Z
S S E C R E T S K U T Y A R H E L E R W
X E B M S Z H B O Y F R I E N D Z E O U
S E E E L L E I N A D F A I R V I E W E
E C I L A Y R A M W M T R E N E D R A G
V L L S G E I I I J I G N G S F R E X J
I E U A T U N F Z N C R U U A S E D D B
W D J S W W E A G I R F B S R S P R K W
E O Y R P N O Z W U Y U H I D R O U C K
S M D B L O S M A R R I A G E R H M G V
U F D I V O R C E B O F X G S U U O B F
O V A C S M O T A N F V N O S Y A G E P
H M K I O Q L N E A Z A N B J J O H S T
U X P N N U S M H R N M A N S I O N U E
C K E F D G V X X T P N F F G F C W D G
H Y E A L T O R N A D O A Q N G F Q D V
```

ADULTERY
AFFAIRS
ANDREW
BOYFRIEND
CANCER
CHEATING
CHILDREN
DANIELLE
DEATH
DIVORCE
DRUGS
FAIRVIEW
FASHION
GARDENER
GAY SON
HOUSEWIVES
HUSBAND
JULIE

KARL MAYER
KATHERINE
LAWNS
MANSION
MARRIAGE
MARY ALICE
MODEL
MONEY

MURDER
MYSTERIOUS
ORSON
PARKER
PORTER
PREGNANT
REX
ROMANCE

RUMORS
SECRETS
SUBURBAN
TOM SCAVO
TORNADO
WIFE
WOMEN
WORK

Solution on page 159

CHAPTER 3: Sitcoms

Comedy Shows A–J

```
T Y G G I L L I G A N S I S L A N D I F
S N I A P G N I W O R G T T M S E R S A
E L E L F L Y I N G N U N S A E L Y E C
D D R M O R Q H T E C B E E N I L A I T
H I A I P V A L I C E O M B D L E G T S
E C C H G O E S T H D S E S Y L I H Y O
D C H K S N L L I N O O V W G I N B L F
R L A I V G E E U E O M O O R B N A I L
E R R N C A N D V C R B R N I L A R M I
W I L O E O N I L E Y U P K F L E N A F
C A E S W M A D N O D D M R F I J E F E
A F S Y O S E N Y E G D I E I H F Y E S
R F I A H D T H D K V I E H T Y O M H U
E A N D S N C E T T E E M T H L M I T O
Y Y C Y Y E J O E S H S O A S R A L N H
S L H P B I A L A M I E H F H E E L I L
H I A P S R E E H C Y N M O O V R E L L
O M R A O F L J S Q H O N A W E D R L U
W A G H C N U B Y D A R B E N B I U A F
O F E W X A D O N N A R E E D S H O W P
```

ALICE
ALL IN THE FAMILY
ANDY GRIFFITH
   SHOW
ARRESTED
   DEVELOPMENT
BARNEY MILLER

BEVERLY
   HILLBILLIES
BOSOM BUDDIES
BOY MEETS
   WORLD
BRADY BUNCH
CHARLES IN
   CHARGE

CHEERS
CHICO AND
   THE MAN
COACH
COSBY SHOW
DENNIS THE
   MENACE

DICK VAN DYKE
   SHOW
DONNA REED SHOW
DREW CAREY SHOW
ELLEN
EVENING SHADE
FACTS OF LIFE
FAMILY AFFAIR
FAMILY TIES
FATHER KNOWS
   BEST
FLYING NUN
FRASIER
FRIENDS
FULL HOUSE
GILLIGANS ISLAND
GOLDEN GIRLS
GROWING PAINS
HAPPY DAYS
HOME
   IMPROVEMENT
I DREAM OF
   JEANNIE
I LOVE LUCY

Solution on page 159

Comedy Shows K–Z

```
D P T G E D S R A E Y R E D N O W M S S
M X L K S N E E U Q F O G N I K A Y N R
L S U D D E N L Y S U S A N R M P F O E
Y N A P M O C S E E R H T P N A E A S T
P W S N O O P S R E V L I S O R R V E S
A L I D F R O S E A N N E L I Y F O E N
R W E L C O M E B A C K K O T T E R R U
T T O A L R R O D I K H P V C Y C I H M
R R N T V A E D N U X S W E N L T T T U
I A E S H E N C A K A A E B U E S E Y R
D H D X G A I D I N E M T O J R T M M P
G W A B S N T T G F D E Q A T M R A I H
E E Y Z N O I G T R F S S T A O A R S Y
F N A A A L A W I O A O O Z O O N T T B
A Y T I C N I P S R B C E N C R G I E R
M I A O D D C O U P L E E H I E E A R O
I N T U O Y T U O B A D A M T G R N E W
L L I H E H T F O G N I K V T U S Z D N
Y B M S A V E D B Y T H E B E L L J W F
R S E X A N D T H E C I T Y P R H O D A
```

KING OF QUEENS
KING OF THE HILL
LEAVE IT TO BEAVER
LOVE BOAT
MAD ABOUT YOU
MARY TYLER MOORE
MASH
MAUDE
MISTER ED
MONKEES
MUNSTERS
MURPHY BROWN
MY FAVORITE MARTIAN
MY THREE SONS
NEWHART
ODD COUPLE
ONE DAY AT A TIME
PARTRIDGE FAMILY
PERFECT STRANGERS
PETTICOAT JUNCTION
RHODA
ROSEANNE
SANFORD AND SON
SAVED BY THE BELL
SEX AND THE CITY
SILVER SPOONS
SOAP
SPIN CITY
SUDDENLY SUSAN
TAXI
THAT GIRL
THE OFFICE
THREES COMPANY
WELCOME BACK KOTTER
WILL AND GRACE
WINGS
WKRP IN CINCINNATI
WONDER YEARS

Solution on page 159

Everybody Loves Raymond

```
U K Q R B T L H H I F P X D N I Z P I L
Y C G E P W E L E H X G S N O S B Z N D
K E V H U I G C A N J K M P K X G O A P
W M G T S N D R T B O S E A O K E F I W
V O D A W S O I O R T R L L O Q N X C J
A H Y F I B L I N B B O B T R U X A I K
W P H A E R K X T P W B O A B N V S R E
B M Q D D Z R S Q A E H R F N R C O T F
Q I C C Y S O A R R C G P K Y U Y K A V
X C U H D A W V M E D I A I L W Y L P Y
R H B I R C E E W N K E D P E E L N W L
A A B L J T S F N T M N T N U Y K S H A
Y E Y D E Y U I D S L U A M Y N H R R P
M L N R B L O G G N R E P A P S W E N T
O V A E O I H H N E A J R Y M E T H J G
N N I N N M B T I Y K B D S D H R T N X
D B L Z Q A A I K O G E S D G E V O L W
U M A O N F J N O B M D I U E R Y R E Z
R V T N E H U G O O I N A J H W H B A E
G N I T I R W Y C K G D T L T A Z O Y I
```

ALLY
AMY
BROTHERS
CHILDREN
COMEDY
COOKING
CUBBY
DAUGHTER

DEBORAH
ELK
FAMILY
FATHER
FIGHTING
FOOTBALL
FRANK
HEATON

HOME
HOUSEWORK
HUSBAND
ITALIAN
KIDS
LODGE
LOVE
LYNBROOK

MARRIAGE
MICHAEL
NEIGHBORS
NEW YORK
NEWSDAY
NEWSPAPER
PARENTS
PATRICIA
PROBLEMS
RAY ROMANO
RAYMOND
SCULPTURE
SONS
SYNDICATION
TWINS
WAR VETERAN
WEDDING
WIFE
WRITING

Solution on page 160

Entourage

```
R Y I Y M X N T K R O Y W E N K A D U S
E L T R U T N I L L E G U O D Z P B V N
R E V I R D Y O L L D X L T A H U S N T
M X X R R C A M E O S L L M T D B O C F
O A S G J B A C O K I F A E D F L F A Q
N S R F A M E W T D A R B I E P I M L V
E S O K L L Y L N P D K E F M W C E I T
Y I T F W L C I E Y P S R O U J I G F I
J S C A L A V I N C E N T C H A S E O A
Q T A O R E H N R H R S A L I S T D R X
Q A H E K D H L J E R E M Y P I V E N U
R N R K E O O B B A E G G Z H W P B I Y
B T I I J O R M T E Y Y Q P B P O I A B
M P F P G A A S P I R A T I O N S M G G
U A Y P E O T S E L E G N A S O L A E U
F R S W S S L F R I E N D S H I P Z N N
W T G T E W M D M O V I E S T A R A T V
J I W U N I L L E D E M C A R E E R S A
R E G A N A M R H Y S C O I R O A S A D
H S C R I P T S N E E U Q W E J P C Z Z
```

A LIST
ACTORS
AGENTS
ARI GOLD
ASPIRATIONS
ASSISTANT
BUDDIES
CALIFORNIA
CAMEOS
CAREER
CELEBRITY
DEBI MAZAR
DOUG ELLIN
DRIVER
ERIC
FAME
FRIENDSHIP
GUEST STARS

HBO
HOLLYWOOD
JEREMY PIVEN
JOHNNY DRAMA
KEVIN DILLON
LLOYD
LOS ANGELES
MANAGER

MARK WAHLBERG
MEDELLIN
MONEY
MOVIE STAR
NEW YORK
PARTIES
PERREY REEVES
PUBLICIST

QUEENS
REX LEE
RHYS COIRO
SCRIPTS
STARDOM
TURTLE
VINCENT CHASE
WOMEN

Solution on page 160

30 Rock

```
G S D Y H G A N O D K C A J T T Y T J G
T K E I T H P O W E L L A C I S U M G L
R W R O I G G I R N H O J E S E R I E S
I H L K R O Y W E N M D L C G P N B C P
D I D J I C C T H I L A R I O U S A A N
Z D R J H H B O S S O V K F Z U I W L R
L Y A L E C B A L D W I N F S L Y F P Q
C Y B O A N D T Y U X D S O X Z E I K U
I C B N D A N R D F T M R G R T F M R E
N W U N W D A A E F T I E N T B A L O E
O R H Y R R L C M Y I N T I H I N Q W N
C O T R I O S Y O A D E N K U H I H R S
J C T O T J I J C S R R I R R L T W I E
O L A S E E F O H K U O W E S K E U T R
R A M S R I L R C T B R N P D T M F E I
C F C D Y G I D T I K I A E A K U V R T
C E G A P N M A E N C E E E Y N E D S A
W I T T Y A H N K A A O D B N L W A I S
Z D R A R I G H S O J W K Y C A N L E O
B E T A R O P R O C J R W V M Q S S S Y
```

MUSICAL
NBC
NEW YORK
OFFICE
PAGE
QUEENS
SATIRE
SERIES
SKETCH COMEDY
STUDIO
TGS
THURSDAY
TINA FEY
TRACY JORDAN
WITTY
WORKPLACE
WRITERS

ALEC BALDWIN
ANGIE JORDAN
ASK TINA
BEEPER KING
BOSS
CLEVER
CORPORATE
DAVID MINER

DEAN WINTERS
DENNIS DUFFY
EDIE FALCO
FUNNY
HEAD WRITER
HILARIOUS
JACK BURDITT
JACK DONAGHY

JENNA MARONEY
JOHN RIGGI
JOSH GIRARD
KEITH POWELL
LIZ LEMON
LONNY ROSS
MATT HUBBARD
MILF ISLAND

Solution on page 160

Two and a Half Men

```
Q U J D R V P C C U J I N G L E S M T U
B M U G T G C P U T I A V G O G Z E H R
E S D S B J U S F A M I L Y N R O U E Y
J G I R L F R I E N D S F I O K N W M R
L V T R K I T C H E N A L B M Q O P E X
G I H R X M G X O E T B H E J M C P S E
W D F W O K R G U H I G L U A H E B O Q
O Q L E H M A L E S I A U N I E C D N R
P N E D S M N R Z E N B I R K P E M G K
F A H E E T G C N I I Z O E M C O R J R
H T T S E X Y F E L E P S Q R N E S Z E
T A B I J D D L A R R U E O E T H T S Y
D W R G O M Y M E A O S V Y I N W A Z R
P D O C O N D O C H A I N R O F I L A C
A R T I S T T T U C D O W E F F L K D N
P W H K G K O M M T M G B N P D U I W O
M B E M A R I N H I N K L E D H P N J J
B Y R K Z O W J L O N A H E R B E G N G
P N S X A W B A S L C N L A G T E W T Y
V G I W A J L A G J Q V D A A D A E E A
```

ALAN
ALIMONY
ARTIST
BERTA
BROTHERS
CALIFORNIA
CBS
CHARLIE SHEEN
CHIROPRACTOR
CONDO
DATES
DIVORCED
FAMILY
FATHER

FUNNY
GIRLFRIENDS
HERB
HOUSEKEEPER
JAKE
JINGLES
JON CRYER
JUDITH

KITCHEN
LIFESTYLE
MALIBU
MARIN HINKLE
MELANIE LYNSKEY
MONEY
NEIGHBOR
NEPHEW

PATIO
SIBLINGS
SONG WRITER
STALKING
THEME SONG
VIDEO GAMES
WOMANIZER
WORK

Solution on page 160

Curb Your Enthusiasm

```
M E H J P S I H N I L R A G F F E J L E
I E F U U O S X C A L I F O R N I A P L
M C L I M A N A G E R W J Y E N D I K T
P C R B L O X S N A M S S E E I S U S D
R P V M R L R L E T R L R C F C Y S Y E
O B H A E O A B C L A G O G I Y R C T N
V X K R T P O E Y R E M U T W S E E T T
I W R R Z U L K R I E G O B E A T L E I
S M O I G D G Y S D T R N N A I L E P S
A I Y A F N D U I P U N I A I L U B N T
T C W G P A S A A E E H A V S C D R O N
I H E E V T N X N N L K D R J O A I S A
O A N I L S S F E Y F A M O U S L T N L
N E D M I D V E R Q V J A D N A W I A P
X L H D N S R E C U D O R P E H T E D S
O Y S E Y G H A W K W A R D N E S S D N
D O I N F C G C H E R Y L D A V I D E A
J R W F Z E U F E C R O V I D P L O T R
F K E Y N N U F B Q I J O T Y U W Y V T
C J J T Q S R E T C A R A H C Y R O D L
```

ADULTERY
AGENT
AWKWARDNESS
BALD
CALIFORNIA
CELEBRITIES
CHARACTERS
CHERYL DAVID

CHERYL HINES
COMEDIAN
DENTIST
DIVORCE
FAMOUS
FRIENDS
FUNNY
HBO

HUMOR
IMPROVISATION
JEFF GARLIN
JEFF GREENE
JEWISH
KIDNEY
LARRY DAVID
LOS ANGELES

MANAGER
MARRIAGE
MEL BROOKS
MICHAEL YORK
NEUROTIC
NEW YORK
PETTY
PLOT
PRIUS
REAL LIFE
RESTAURANT
RICHARD LEWIS
SANTA MONICA
STAND UP
SUSIE ESSMAN
SUSIE GREENE
TED DANSON
THE PRODUCERS
TRANSPLANT
WANDA
WIFE

Solution on page 160

Home Improvement

```
W I A Y E C U T Q R U E T L W H L K Y Z
C Y P G S E E O A S E T Y J L P Z J N M
L E L B U O R T D Q O E S D B R A D C W
F J K R O W I I U O A E O D E Y L N A M
P X U L H N K M L N E R R P D J T A D N
Q W F N E W T T U E Z D G W C Z V B M B
C A E A C J I A N H W F I H X Z S S A W
S M C V N M M Y W C I I Y F R J H U R I
A N Q C E S A L I T L P D O R T O H V V
N E P C I A L O H I S U E I Y I W K E G
W I D U D D L R V K O W M N E K E G E A
M G A R U J E I U B N I O S R H A N M S
Q H P C A E N N V D W F C A Y N K A D E
V B Y M S Y Y X T B F E N C E J R G C S
S O N O E N K V D S O D D E T R O I T Y
Q R N C A G A C C Z Y B T E I U V H L O
D S U T Y A A N A M Y D N A H D I C I B
E F F I H A R R Y B A J G X A B V I S J
F P O S L K F L A N N E L Q Y L I M A F
T R V I L N R C R G T H S X G P W J P H
```

ACCIDENTS
ADVICE
AUDIENCE
BACKYARD
BOB VILA
BOYS
BRAD
CLUMSY
COMEDY
DETROIT
FAMILY
FENCE
FLANNEL
FRIENDS
FUNNY
GARAGE
HANDYMAN
HARRY
HEIDI

HOT ROD
HOUSE
HUSBAND
JOKES
KIDS
KITCHEN
LISA
MANLY

MARRIAGE
MICHIGAN
NEIGHBORS
RANDY
SAW
SITCOM
TEENAGE
THREE SONS

TIM ALLEN
TIM TAYLOR
TOOL TIME
TROUBLE
TV SHOW
WIFE
WILSON
WORK

Solution on page 160

Boy Meets World

```
V X H Z G F A M I L Y U G L X G X E D J
J P E J Z N N G X L T S E K H Y F V M C
X X M E G A H M N E P H L J Q W N B Q F
Q D K E G M Y T E A C H E R S U K N I M
X R L R N N M N R A P E I D I G H I K C
O A O I U Y A E R D C O L L E G E Y K M
N M K L B G N H G H O S T M L X A M Q K
S A C F E T U P C N P R I N C I P A L N
A D G R S U I J A C K B R O T H E R S G
T W E J W Q C B V O N D B P S A N S J P
V K A O F K R O W E M O H F F X N E W L
L W G A R U Y E C N E R W A L N B E G Y
Z D L Z B T O H C G N I T A D L R M S S
O A E U R H I Q S E I L L U B V O B T Y
N M S E H S U R C C L A S S R O O M N D
N Q B A T P E C H S U M M E R N K E E E
O U Q O N T F J E B T W A H M P E Z D M
P T R B S X W Z T V W Z T L G F J R U O
H Y T I W E G A I R R A M J R I D R T C
B K S W U N E I G H B O R M O U D Y S U
```

ALAN	CLASSROOM	GHOST	MORGAN
AMY	COLLEGE	GIRLS	MR FEENY
ANGELA	COMEDY	HISTORY	MR TURNER
BATHROOM	CRUSHES	HOMEWORK	NEIGHBOR
BROTHERS	DATING	JACK	PARENTS
BULLIES	DRAMA	LAWRENCE	PENNBROOK
CHANGE	EAGLES	MARRIAGE	PHILLIES
CHET	FAMILY	MINKUS	PRINCIPAL
			PUBERTY
			RACHEL
			SISTER
			STUDENTS
			SUBURBAN
			SUMMER
			TEACHERS
			TEENAGER
			TOPANGA

Solution on page 161

The Cosby Show

```
D D E X M K N I V L E J F F A U S A B S
O D N N U A C E K X N I F R G P S K J S
C Y O V O K R A R Y S A F E H R F U O B
O X T C H G J T L D G F I Y U V W N P J
W M S T T Q M K I B L R L W X Y D I Q F
M V N E Y O O K E N P I C A T R Q Y F T
P U W N L O R F J A C C H L A Y M E Y E
X M O O R G N I V I L A T C B U W N A E
J D R B T P D I A C W N A L L Z B R M N
V Q B A D E E R P I O A E R E H T O M A
H C X S N F A X A R Y M H F S S H T L G
W Y T I I S V N R T N E H C T I K T A E
A D S L H U Z E E E S R E T H G U A D R
D E Y A H V C W N T J I A R O Y D U R S
G W D S I O L Y T S H C I T I V C Q O L
W X B I L L C O S B Y A V C F A M I L Y
N R H L L E Z R G O Y N I W T K L E S C
T H E O M C X K D U N S L I P J Y C X W
U G Q M A R R I A G E L O O H C S U R N
E S V A N E S S A B G N I W O R G D G X
```

AFRICAN
   AMERICANS
ATTORNEY
BILL COSBY
BLACK
BROOKLYN
BROWNSTONE
CHILDREN
CLAIRE
COLLEGE
DAUGHTERS
DENISE
DOCTOR
DYSLEXIA
EDUCATION
ELVIN
FAMILY
GROWING
HEATHCLIFF

HILLMAN
HOME
HUXTABLES
KIDS
KITCHEN
LAWYER
LIFE
LISA BONET

LIVING ROOM
MARRIAGE
MARTIN
MOTHER
NEW YORK
OBSTETRICIAN
OLIVIA
PARENTS

PHYLICIA RASHAD
RUDY
SCHOOL
SONDRA
TEENAGERS
THEO
VANESSA
WIFE

Solution on page 161

The Office

```
R P L L A N O I G E R H P A N E R A K Y
T H M R Y E L N A T S K I P A P E R G F
I Y X A P U T B X V K U R J F R G U Q C
P L S G N I T E E M V N O T N A R C S X
S L A M R A F T E E B A M H F S E L A S
N I Y O A O G N H T I D E R E M M J J P
G S E N O H P E L E T A R O P R O C R O
H W Q Y Q A C O M P U T E R S D A O W B
Y U P R H D P M V E B V N U V F M W O O
W B D O W N S I Z I N G B J S O D B R S
M B O D E P I J H S J T I E T N V Y K S
K C O N F L I C T S M C M I G A T D P Q
F R S L I H W S Z Q D P O Z N I L N L P
Z E C T L P J C S M L N B C S I A A A W
O A C H A G C O W O R K E R S Y V N C K
M T C O M P A N Y E G T E I R K G E E J
R I C S M E L E X X Y V W J R E N L K G
A V J C S E E E E U I X T K L F L A I N
I E I A H S D V S D D C R A Z Y A L R L
K Z H R N E P Y B O T U U Z E W B S M P
```

LIFE
MANAGEMENT
MEETINGS
MEREDITH
MERGER
OSCAR
PAPER
PHYLLIS
PRANKS
PROMOTION
REGIONAL
RYAN
SALES
SCRANTON
STANLEY
STAPLES
TELEPHONES
TOBY
WAREHOUSE
WORKPLACE

ANDY
ANGELA
BBC
BEET FARM
BOB VANCE
BOSS
COMEDY
COMPANY

COMPUTERS
CONFLICTS
CORPORATE
COWORKERS
CRAZY
CREATIVE
DIVERSITY
DOWNSIZING

EMPLOYEES
FRIENDSHIP
GOSSIP
JAN
JIM
KAREN
KELLY
KEVIN

Solution on page 161

Friends

```
P W C I N V E J X A P O H S E E F F O C
J J G L C Q B L O O M I N G D A L E S E
G R E E N W I C H V I L L A G E C E T N
D N E W Y O R K C I T Y V Z P R Q I N T
I R E V O L T H M O N I C A G E L L E R
S I N A I C I S U M D C L E N T I U M A
N R N F R G X R I S D E X X I I N J T L
A A E A L E S N C N O A O I T R D M R P
T L M O I U H H O N A C M N A W E A A E
T P E F L B W T T I Y R N M D Y P T P R
A H P A F I B O N E H O E G E P E T A K
H L H L M U L I N U D S B F R O N H E A
N A O M I O A E R N G S A Y I C D E C A
A U E Q G T T K O T X T B F C N E W I S
M R B Y N R K L A K Y H Y X H B N P N C
U E E U U O M A T T L E B L A N C E A H
S N O O V L E H C A R H O K R K E R J E
E F C E P E G A I R R A M J D K O R D F
U R W O R D U K A S I L M E H L I Y Q M
M D A R N D C H A N D L E R B I N G L S
```

ACROSS THE HALL
APARTMENT
BABY
BEN
BLOOMINGDALES
CAROL
CENTRAL PERK
CHANDLER BING
CHEF
COFFEE SHOP
COPYWRITER
COURTENEY COX
DATING
DAVID SCHWIMMER
EMMA
FASHION
FOUNTAIN
GREENWICH
   VILLAGE
GUNTHER
INDEPENDENCE
JANICE

JENNIFER
   ANISTON
JOEY TRIBBIANI
JULIE
LIFE
LISA KUDROW
LONDON
LOVE

MANHATTAN
MARRIAGE
MARTA
KAUFFMAN
MATT LEBLANC
MATTHEW PERRY
MONICA GELLER
MUSEUM

MUSICIAN
NEW YORK CITY
PALEONTOLOGY
PHOEBE
RACHEL
RALPH LAUREN
RICHARD
URSULA

Solution on page 161

Frasier

```
O L J G K C J P N O P U L P L V C Y I S
Y R Q U P I S R E H T O R B K I K P E Q
D E I S E G F R A S I E R S S P C A C K
Q I K V G N I P L I G I R E P O T R R A
M T V E A H L M B N C E W V Y T S E E B
D R L O I L G O A U I A T E L O E H I Y
O K E R R B R N Z R S V A E O P L T P F
J A C Z R C C Y R H T Y D L V F Y I C U
L T P O A Y E E I G S I S E E R O L F Y
E R N A M L T N A L E I N N T E D I F X
X S M O R E G T O Z B A O A H D Z L C O
H V I L I T D E N O R O I J G E O E H K
V D P E O S M Y B C M H T S C R R F E W
D F D N F R S E S E C N M A R I O A E V
Q A X I R F E E N Y B E O S L C P C R X
V M T W I D L H S T L I V M O K I B S O
Y I H I E I P P T B K D S F I V S O N S
M L S E N A G V O A O D F D D S L H P M
G Y U N D G R R C M F E B A C H E L O R
Z L I K S L P L A R E P O J P K E X D W
```

ADVICE
APARTMENT
BACHELOR
BEBE GLAZER
BROTHERS
CAFE
CHEERS
COFFEE

COMEDY
DAPHNE MOON
DATING
DIVORCE
EDDIE
FAMILY
FATHER
FRASIER

FREDERICK
FRIENDS
JANE LEEVES
KACL
LILITH
LOVE
MARRIAGE
MARTIN

MEL
NILES CRANE
OBSESSION
OPERA
PERI GILPIN
PIERCE
PREGNANCY
PROBLEMS
PSYCHIATRY
RIVALRY
ROZ DOYLE
SEATTLE
SIMON MOON
SONS
TALK SHOW
TERRIER
THERAPY
WASHINGTON
WINE

Solution on page 161

Malcolm in the Middle

```
A V E M K G P Y U C T E Z Z N R X T H P
I X B O W M Y V M C P C I R T N E C C E
J W X P F J O G K K T N E C S E L O D A
B G D P M J E D E P U K Q M C J S A S M
B F J O I N A R Y M L W Z Q F R N X H D
U D Y L I M A F E S O Y M Q E O V B F Q
I D Q U A M S I P M F H G H T S S R O M
X I S I Z H K Y U I O U T S R E I S X N
H M P C N N D H C W Y O N T E E N O O A
V V A K A D M Y M T R A B C N D E E L B
Z K T R Y L K F P B R W M D T E L C O R
O R F E U E W G R C A A S C O I B P E A
Q J W L M I L I T A R Y S C H O O L O N
W E T B Q F K E V R N B J S I U W N X E
D A N O S R E T S A M C R N K T M N A K
I J E Y Z E I V E T S V I B Y C N O I L
N B D N U B Y R T V Q N Y S R A N C H L
F Y U E I M A J H Y L L C U M S T S P Q
T O T S P M Z U I U Z G G I F T E D D F
Z U S G I R K V R K D O N E H J X O J O
```

ADOLESCENT	FAMILY	JAMIE	MILITARY SCHOOL
BERFIELD	FOX	KACZMAREK	OUTCAST
BOSS OF ME	FRANCIS	KENARBAN	PIAMA
BROTHERS	FRANKIE MUNIZ	KRELBOYNES	RANCH
CRANSTON	FRIENDS	LINWOOD	REECE
DEWEY	GENIUS	BOOMER	STEVIE
DYSFUNCTIONAL	GIFTED	LOIS	STUDENT
ECCENTRIC	HAL	MASTERSON	TEEN

Solution on page 161

The King of Queens

```
U W T B I C B U B Q B L H B B Y E C O O
M T Y N N A D E A C O N F L J G V R I Z
H M Y U W M K E V I N J A M E S O B Y E
C S Z R S H O P P I N G T N S T L T R E
X K E T A B A S E M E N T K R U F C E X
H W R I E T C P H L D C Y X E E R I V X
P F H A R M E O A O S D F C T D F L I P
J K A R P R W R U Y L L O H H U I F L W
H B P D K O A G C P O L O P G N V N E G
G Y A D G P G C G E L E D T I L H O D H
K W R L P O K E R A S E S M F L X C E R
U W T N E W Y O R K P T E M E A K H W D
S T M D S S E I H C I R R E R B L N O H
N X E F R I E N D S H I P G I T N H D G
E Y N A M Y L I M A F W U A F O V P I U
E A T I N G E R E W E M O I Q O G V W G
U Z H U G Z E L A F E U R R N F P V O J
Q F O O Y E L L I N G U Q R K B M H K N
B T M B B G K W T T N D N A B S U H U Z
W M E C N E P S J H Q S E M E H C S S D
```

LAW FIRM
LEAH REMINI
LOVE
MARRIAGE
NEW YORK
PARALEGAL
POKER
QUEENS
REGO PARK
RICHIE
SCHEMES
SECRETARY
SHOPPING
SPENCE
WIDOWED
WIFE
WORK
YELLING

APARTMENT
ARGUMENTS
BASEMENT
BEER
BLUE COLLAR
CARRIE
CONFLICT
COUPLE

DANNY
DEACON
DELIVERY
DOUG
EATING
FAMILY MAN
FATTY FOODS
FIREFIGHTER

FOOTBALL
FRIENDSHIP
HEFFERNAN
HOLLY
HOME
HUSBAND
IPS
KEVIN JAMES

Solution on page 162

Seinfeld

```
F J U A B P W Y B Y R R E J F Y C C I J
Y G U S F E T D Y G S L M A Q D D F G M
A A Z F E T A A G N P R J O R O G W E Q
Y K P A S T Y T J P Y K E B L R J Q O M
K A Y O T Y M I A B P C I T N A M O R U
F Q W I I Z A N P U O S U G E P E U G H
R N P B V N S G D M I N U T I A E R E R
K R E M U G T D Q Q C S D P G H M L E C
M T R G S S Y L J L D H A S H O E U L C
O B S E S S I V E R H Z D H B N Z T G J
H Z U S W Y N L A S N S I S O R U E N S
J N S D A V E H I A S K P A R E N T S D
H O A N P O C W T D N D Q G G E R U I F
I J N A A I E S U A E L S X W C B N O N
A L R H R J O O R Y E A T I N G E U W E
E X O N T C T F D A X B A D I R O L F W
Q B S A M C O M E D I A N I H I L I S M
S E S M E L L Y C A R Z D O Q B A N I A
J Z W A N M O R T Y L S U P E R M A N N
E T H O T M G N I K R A P T R Q A Q C Z
```

APARTMENT
BALD
BANIA
CEREAL
COMEDIAN
COSTANZA
DATING
DINER
EATING
FESTIVUS
FLORIDA
FRANK
GEORGE
HELEN
JERRY
JEWISH
MAN HANDS
MINUTIAE
MORTY
MR PITT

NBC
NEIGHBOR
NEUROSIS
NEWMAN
NIHILISM
NYC
OBSESSIVE
PARENTS

PARKING
PARODY
PETTY
POINTLESS
PUDDY
RICHARDS
ROMANTIC
SMELLY CAR

SNAPPLE
SOUP NAZI
STAND UP
SUBWAY
SUPERMAN
SUSAN ROSS
UNCLE LEO
YADA YADA

Solution on page 162

CHAPTER 4: Cops and Detectives

Crime Shows

```
C A N N O N H S E L I F D R O F K C O R
J T H E S H I E L D T M I A M I V I C E
D T H O R E L L I M Y E N R A B K N O M
R E X O E M U R D E R S H E W R O T E I
A R S C H A R L I E S A N G E L S S S N
G A G B A R N A B Y J O N E S Y E O H G
N B N R Z G G N I T H G I L N O O M I T
E F I S C M N A T H E A V E N G E R S O
T W K M Y N F E J T H E C L O S E R O N
H I L C W T H V Y T H I R D W A T C H S
E S A C D L O C K A J O K T Q S A O Z T
W E T L H C T U H D N A Y K S R A T S E
I G S O N A S H B R I D G E S L R T M E
R U K U N A M O W E C I L O P R L C Q L
E Y L D M M C M I L L A N A N D W I F E
T G I W I T H O U T A T R A C E P M H W
N K S P E N S E R F O R H I R E P I V C
U W T H O M I C I D E U L B D P Y N O O
H Z P M H S I M M O C O L U M B O P M F
P X K Y L X I N N A M S P O O N S R Q Z
```

MIAMI VICE
MONK
MOONLIGHTING
MURDER SHE
   WROTE
NASH BRIDGES
NYPD BLUE
POLICE WOMAN
REMINGTON STEELE
ROCKFORD FILES
SILK STALKINGS
SNOOPS
SPENSER FOR HIRE
STARSKY AND
   HUTCH
THE AVENGERS
THE CLOSER
THE SHIELD
THE WIRE
THIRD WATCH
VIPER
WISEGUY
WITHOUT A TRACE

BARETTA
BARNABY JONES
BARNEY MILLER
CAGNEY AND
   LACEY
CANNON
CHARLIES
   ANGELS

COLD CASE
COLUMBO
COMMISH
COPS
CSI
DRAGNET
HILL STREET
   BLUES

HOMICIDE
HUNTER
JAG
KOJAK
MANNIX
MCCLOUD
MCMILLAN
   AND WIFE

Solution on page 162

Charlie's Angels

```
N M Y S S U B Q B C P P B E A U T Y D O
M O K E L G G I J J R L D C I X K W E K
A D D A L L Y R E H C H A R R A F X C P
O N E C T S L F I L M D S S E R U G I F
X D I L H E O C E N E M P S K R I S L G
H E S R Y A J B X M G E G R C M N G O F
S T R E B O R A Y N A T Y E A K O C P M
P E I L C A D L C K R L Z V H E I V N C
E C N M Y R S D E K X X E O Y L T P I O
L T I X S D E R I S S H H C E L A Y J E
L I K E L N P T K V T O W R L Y G V M G
I V I T S H Y T A Y A O N E L G I V Q F
N E B V O N K L S G M D W D E A T K Z R
G J U N A P P R C E E O U N H R S E X Y
R J E F I U O X N A U N C U S R E L P E
Y J F I X F X K X Y J N T R T E V M U F
B I C O N F E R E N C E S F E T N U X D
T S K H N W S C R V O E E R H T I D W P
P R O V O C A T I V E B C A G E N C Y A
G J L H Z I C J H P K T W W V C J I L L
```

ACADEMY	INTERCOM	KRIS	SHELLEY HACK
AGENCY	INVESTIGATION	LAPD	SPEAKER PHONE
BEAUTY	JACLYN SMITH	MOVIE	SPELLING
BIKINI	JIGGLE	POLICE	TANYA ROBERTS
BOSLEY	JILL	PROVOCATIVE	THREE
CASE	JOHN FORSYTHE	SABRINA	TIFFANY
CHARLES	KATE JACKSON	SECRET AGENT	UNDERCOVER
TOWNSEND	KELLY GARRETT	SEXY	WOMEN
CHERYL LADD			
CONFERENCES			
DAVID DOYLE			
DETECTIVE			
FARRAH			
FEMALE			
FIGURES			
FILM			

Solution on page 162

Monk

```
Y U R X A G C V S M D M G Z J B O X U L
J I E Z B M O B R A C Z B C C S L Q X T
V S G I G A A K X S O R A R E H E Q D P
J P E K C D O R F S H S A I B O H P J P
R D E C R O V I D I E E L K Z M T J I E
C J T I O G E R M S F A T E N I E J S W
K I A A W M D P R T T U T Y V C D J K N
O N S M U M P E G A I N R O F I L A C Z
A B R S D C D U N N A E A N U D E I A H
V O S E S R U N L T T K P J N E V L B V
V J A E U M G K L S W B D V N F I W H C
J T P M S D Y U Y H I D E Y Y I N M S D
H Y A Z G S S M B K D V T R K W E C A C
F O R G A N I Z I N G S E M I R C X L U
C W T S O M P V L Z D O C T O R I V F R
A G M C R O B B E R Y P T C Q C L U E S
A C E A F L X R A A N X I E T Y T W Q E
D C N R Y E V L O S G H V F V Z E L G Q
B Z T E G E N I U S T H E R A P I S T N
T R U D Y E B M K R E H S I D C N C U G
```

HOMICIDE
JAIL
JOB
MURDERS
MYSTERY
NATALIE
NURSE
OBSESSIVE
OCD
ORGANIZING
PHOBIAS
QUIRKY
ROBBERY
SCARED
SOLVE
TED LEVINE
TEEGER
THERAPIST
TRUDY
WIFE
WIPES

ADRIAN
AMBROSE
ANXIETY
APARTMENT
ASSISTANTS
CALIFORNIA
CAR BOMB
CASES

CLUES
COMPULSIVE
CONSULTANT
CRIMES
CURSE
DEATH
DETECTIVE
DISHER

DIVORCED
DOCTOR
DRAMA
FEAR
FLASHBACKS
FUNNY
GENIUS
GERMS

Solution on page 163

The Rockford Files

```
T E I Q R R H T U E L S H J L E J W X H
V C H S U E S M S G L O T B E G U N T N
D I O N I E L J C S G C R I M I N A L S
S L B L R O I I K A L N O I T R O T X E
U O E R D M Z K A I L D N F L L S S I S
X P A O M C Y R E R E I D A A F I O Q N
K W C Y O P A N H P T S F S M R R P X E
A C H H N Q T S A N A S E O A I P E E P
S U A U E S N R E N O D W P R E E K E X
O F S G Y K T U D S I I K T D N W I A E
P J E G H M Q C H C A F T G E D I M T H
I D V I E N A R I F Y H I A C X A A T B
P M I N A S R M U L R C C G C T C E O G
F A T S T C O O K I E J A R H I B O R Y
L L C L G H C T B L B G P C A T D Y N R
X I E I D S K I L O B D W P P C R N E E
O B T E F L Y M R V O R H K M G B W Y T
D U E I U I A R E D R U M F A T H E R S
D L D N B T C A I T N O P S N E E M Z Y
X F I R E B I R D P A L V N M U S S F M
```

ARREST
ATTORNEY
BEACH
BETH
CALIFORNIA
CAR CHASES
CELLMATE
CHAPMAN
CLIENTS
COLD CASES
COOKIE JAR
CRIMINAL
DEPARTMENT
DETECTIVES
DRAMA
EX CON
EXPENSES
EXTORTION
FATHER

FIGHT
FIREBIRD
GIRLFRIEND
GUN
HOMICIDE
JIMMY
LAPD
MALIBU

MIKE POST
MONEY
MURDER
MYSTERY
PACIFIC
POLICE
PONTIAC
PRISON

ROBBERY
ROCKY
ROY HUGGINS
SAN QUENTIN
SANDCASTLE
SLEUTH
SYNDICATION
TRAILER

Solution on page 163

Police Words

```
U M C I N J T G N P V I C T I M K F P P
S W S H T L Q A K B O U U I R G L J A P
H G J X G Y F N E R I S K C G A U J H F
B B F T F I H G L B D L V K R B N N B F
V E T K W P X T I P A M R E A Q O O M T
B J N G A L U K A R R E S T F J S I T Y
M W U D E E N L J O T O O H E U I T C S
T M W V P N J D F S U N T M I W R A E B
S T M Z D Y N I L B A D G E H Z P T P L
N H C A O H N O T R A F F I C T I S S Y
L K G R C U H N S T U O E K A T S G U S
R H D M R E V O L V E R T I E E O G S T
M E M T T T N I M Y Z R N N C X H R R S
R J A U N S G T R I O T G U A J V W G W
U E T J A U T A W S C A R M U R D E R C
B J N F E B L T S D R I V E L O R A P V
Y L E T G G P I K D T D D E N I N A C Q
I T Z B R E D C U Y T Y M E D A C A W J
Y P A U E A D U T Y I C P R J B J A K M
I X B R S O P C J S G R D Q L J L M D U
```

NYPD
ORDER
PAROLE
PARTNER
PRISON
PROTECT
RADIO
REVOLVER
SAFETY
SECURITY
SERGEANT
SIREN
STAKEOUT
STATION
SUSPECT
SWAT
TICKET
TRAFFIC
UNIFORM
VICTIM
WARRANT

ACADEMY
ARREST
ARSON
BADGE
BATON
BEAT
BURGLARY
BUST

CANINE
CAPTAIN
CHIEF
CITATION
DRAGNET
DUTY
FLARE
GANG

GUN
HOLSTER
HOMICIDE
JAIL
JUDGE
LAPD
MACE
MURDER

Solution on page 163

Dexter

```
B X Q V V G P N Z R T R A U M A M A R D
T O A L I L H O U S E Y E F Y J A Z O D
B G D K H C V U L T O H A J I P N S M Q
C N S I T E T L S S J M E M O S E U R G
A J K J E G N I K K I R E H W Y G V M N
L L C Y L S S E M L S C I T O C R A N I
A S A H E N I U Y S C T R R E H C T U B
U T B O P E Z T V N I O R E H O H L B B
G N H M H T C E H F S T K K U T G B L A
M I S I O E H N N S N M C G U I L T Y T
K J A C N M C A E Y E U P S I C B Q Q S
J U L I E B E N Z L R M U R D E R J U R
H N F D H C I T E T O E M O T I O N S D
T W G E O T H S E D F I V E C I T S U J
J S H N P R P C E D I S V O O K H B S A
D N Y M I R I T P N B V L S C D E A T H
V O E L O L P P S L I D E S O S R V K N
A V L C A O L H D N E I R F L R I G R L
Q E I Q D N Q I H J F H F L O R I D A B
R L U A V H A Z K Z Q Q H W F H A G D Q
```

ADOPTED
ANALYST
BODIES
BROTHER
BUTCHER
CORPSE
DARK
DEATH
DISCOVERY
DRAMA
EMOTIONS
EMPTINESS
ERIK KING
EVIDENCE
FAMILY
FLASHBACKS
FLORIDA
FORENSICS
GIRLFRIEND

GRUESOME
GUILTY
HEROIN
HOMICIDE
HOUSE
ICE TRUCK
JULIE BENZ
JUSTICE

KILLING
LIEUTENANT
LILA
MURDER
NARCOTICS
NOVEL
OCEAN
PSYCHOTIC

SISTER
SLIDES
STABBING
TELEPHONE
THRILLER
TRAUMA
VICTIMS
VIOLENCE

Solution on page 163

Criminal Minds

```
B T I P A R A N O I D Q X M Z A P C E N
C L A O B J G I G I V D D C I B T M Y D
L P O J C T O Y D Q I S T C E P S U S Q
S E R O O M R A M E H S R H K E S T P U
R M O R D E X N R U M A A N A G R O M T
W K I E E S M R C W G V G I Z A E N C D
A U W T J K D A Q R I M F I Z T L X R R
A B D U C T I O N O I T C I D S I R U J
J X Y P A I O L R T D M N B T O F E O G
B Y A M K I V A L Z E E E E I H O D S L
C K I O P O L I C E B G A S S M R R I A
E R I C A M E S S E R M N T C S P U S A
C V I D X Q J C F E A S V A H E Q M Y T
N X Y M N U M X M B F S O L V I N G L H
E R I R I A N E R R I M N O M I S E A M
D D K S E N P U J A S O N G I D E O N T
I R B F U T A P K J H Q P R Z J D A A N
V C A H W I S L I R E C N E P S J M U V
E B U M J C C Y S N R O S S I I M I Y E
P T D E A O U R M A G E N T S E A R C H
```

KIDNAPPING
KILLERS
MEDIA
MORGAN
MURDER
MYSTERY
PARANOID
POLICE
PROFILERS
QUANTICO
ROSSI
SEARCH
SHEMAR MOORE
SIMON MIRREN
SOLVING
SPENCER
SUSPECTS
TEAM
VICTIMS
WITNESS

A J COOK
ABDUCTION
AGENTS
ANALYSIS
BAU
BEHAVIORAL
BLOOD
CBS

COMPUTER
CRIME SCENE
CRIMINALS
DEATH
DEBRA FISHER
DR REID
DRAMA
ERICA MESSER

EVIDENCE
FBI
GARCIA
GIGI
HOSTAGE
JASON GIDEON
JOE MANTEGNA
JURISDICTION

Solution on page 163

Magnum, P.I.

```
Q R Z X W E P E L G C R N T G T K J E M
P M A D V E N T U R E S A C T I O N J D
N O Z M A N T E I V E H M Y S T E R Y K
H I G G I N S M Y S R I R A R R E F E H
I N V E S T I G A T O R E I A N W S T A
B L B N H N A C E C B F B A I E T U M J
J B U O A U T H O R I N O W B A E R R B
Z G U L E D S V O H N U D U T L W B Q L
K S E C U R I T Y L M L A E S Y V A N B
E C J P H A G A T H A C H U M L E Y H J
T W E B E A C H A B S E I R U X U L R K
A P O L L O O Z L H T H O M A S B C N V
S U L U L O N O H R E T P O C I L E H F
O T D T E E R U R Q R E D N E T R A B R
T B N T H A S H B A S E B A L L C A P P
A O A E C Y P M B L G S V M W Z A Y Z S
R A L B I R R G O F F I C E R E D R U M
W H S I M L J D E T E C T I V E I E D J
G U I B P E C I L O P D C S W V Z Y C V
H V K X G V E E C P G K W J I S H G H I
```

ACTION
ADVENTURES
AGATHA CHUMLEY
ALOHA
APOLLO
AUTHOR
BARTENDER
BASEBALL CAP
BEACH
CAROL BALDWIN
CASES
CBS
CLIENTS
CRIMINAL
DETECTIVE
DOBERMAN
ESTATE
FERRARI
GUEST HOUSE

GUNS
HAWAII
HELICOPTER
HIGGINS
HONOLULU
INVESTIGATOR
ISLAND
LUXURIES

MICHELLE HUE
MURDER
MYSTERY
NAVY SEAL
OAHU
OFFICER
PILOT
POLICE

RICK
ROBIN MASTERS
SECURITY
SLEUTH
THOMAS
TOM SELLECK
VIETNAM
ZEUS

Solution on page 163

Without a Trace

```
C Y M C G U N S T S E R R A G E N T S E
I E R M V E T A G T C H P J G X B S X X
T U P S W H Z A H T N A M A S C O A V T
L X N D A U Q S E L E H F Y J B S P D T
M I Y R E T S Y M L D N O F L Z S O I K
V S H O O T I N G S I X N K A M J T B O
U R Q L W E E K T D V F P A I I P Z F E
W J O H N M I C H A E L O T I O R F A E
L E E V W O E N T V J N C R L R I S L C
B B Y Y K P I I F I N I O I P C A S E R
Y O S P S I E T L O V G C L E T O M O O
J P K U A E D N A Y R E G R A V A L E V
V R S M B R A N C G K M I I I M Y J C I
L I A G Z L E X A W O C A O D A K R S D
M R V M I W U H X P C R L T T F I C E B
D A C I Y B Q P T L P E R Y I M Y N A P
D S E O A E V L O S N I N E I O N Y R J
M A R T I N K S N C S N N N T T N A C D
I K G J Z F E D E R A L A G E N T R H E
S Z Z Q V F W H X D D L S T A T I O N R
```

AFFAIRS
AGENTS
ARRESTS
BOSS
CASE
CRIMINAL
DANNY TAYLOR
DETECTIVE

DIVORCE
DRAMA
ERIC CLOSE
EVIDENCE
FBI
FEDERAL AGENT
GUNS
INFORMATION

INTERROGATION
JACK MALONE
JOHN MICHAEL
KIDNAPPING
MARIANNE
MARTIN
MYSTERY
NEW YORK

OFFICE
PAST
POLICE
PROFILE
SAMANTHA
SEARCH
SHOOTING
SOLVE
SQUAD
STATION
SUSPECTS
TEAM
THERAPY
VICTIMS
VIOLENCE
VIVIAN

Solution on page 164

NCIS

```
W S F Q K X S J B Y W T E R R O R I S T
M S R E D R U M I L I T A R Y O J Y H E
C P O L I C E S C I E N C E W M U V M C
R E D G S I R A W S A H I R A R K A Z H
T C R I M I N A L H O L L I S M A N N N
N I G D X W G G L A U R E N H O L L Y O
E A E V I T A G I T S E V N I A A B O L
M L R F P M A R K H A R M O N E N N Z O
E A A E N A F L W D F E A D G E O S Z G
C G L C B E U T H G I L I W T L I P O Y
R E D N A X E L A A H S A S O E T R N E
O N J E B T A T A G E N C Y N L C O I C
F T A D B A U S S C Y K C U D L I C D N
N H C I Y V T V C A A N P R C E F E Y A
E I K V T I O N E B C S Q U P H E N N V
W B S E D Z P R J U R I S D I C T I O N
A F O R E N S I C S E H S I B I C R T O
L W N F X G Y R E T S Y M S D M W A P E
V R D T I M O T H Y M C G E E Y K M T L
A C Q S P S B B I G O R H T E J R Z I M
```

ABBY
AGENCY
ARI HASWARI
AUTOPSY
BENOIT
CBS
CRIMINAL
DNA
DUCKY
EVIDENCE
FBI
FICTIONAL
FORENSICS
GERALD JACKSON
HOLLIS MANN
INVESTIGATIVE
JESSICA STEEN
JETHRO GIBBS
JURISDICTION
LAUREN HOLLY
LAW ENFORCEMENT

LEON VANCE
MARINE CORPS
MARK HARMON
MCRT
MICHELLE LEE
MILITARY
MTAC
MURDER

MYSTERY
NAVY
NIS
PAULA CASSIDY
POLICE
SASHA
 ALEXANDER
SCIENCE

SPECIAL AGENT
TECHNOLOGY
TERRORIST
TIMOTHY MCGEE
TONY DINOZZO
TWILIGHT
WASHINGTON DC
ZIVA

Solution on page 164

CSI: Crime Scene Investigation

```
E Y G C R L T L U N X K F B N G Y A K T
X O P G J G P S E G A M I Z G Y B C Y Y
B V R D N A N M V T Z I B V H F E O O O
Y W V J I D P I N N N Z S X T V W W Q K
T H U V O A Z T L K S N M R B T L Y W V
Y H A D K V K C Q B R R U Z R L A T E J
F M G I L E D I C I M O H N X T W H O T
X I B H R N V V G D C A Y W L A G J Y E
X R E C R E Q U G G J L G W Y S C S D S
G P L L E R N S B I Z A R R E I X A O T
U J T H D S R O T M L S U R C N U R O I
M C E H R B E K R S S J U N U S U A L N
D I C N U E A E C O E T N E L O I V B G
K L A G M Q L V I M C S C J M B T M R R
R X R M Z L I P H I H Q A E P T T I O B
F W T G I O S A P T A I M C P L S E M B
R J H K A E M K A E L L N X B S N X A C
U I R D L D W E R L K E V L O S U I N M
I P E I S I D A G D Z K N M A F D S C M
X R F Y O V D B A Z Q L Y P O L I C E K
```

NEVADA
NEW YORK
NICK
PICTURES
POLICE
REALISM
ROMANCE
SARA
SOLVE
SUSPECTS
TEAM
TESTING
TRACE
UNUSUAL
VICTIMS
VIDEO
VIOLENT

BIZARRE
BLOOD
CASES
CORONER
COURT
DEATHS
DNA
FIELD

FILES
GAMBLING
GIL
GRAPHIC
GRISSOM
GUNS
HAIR
HOMICIDE

IMAGES
JAIL
JURY
KEPPLER
KILLER
MIAMI
MOB
MURDER

Solution on page 164

CHAPTER 5: Medical Shows

Doctors on TV

```
C N A I C I S Y H P A T I E N T Y F L X
I N T E R N S Y M O T A N A S Y E R G B
T I D E C I T C A R P E T A V I R P S N
Y C O Y C N E G R E M E C N A L U B M A
O H C T A W D R I H T H E N U R S E S F
F M T L A T I P S O H S R O T C O D A L
A N O U E C N E D I V O R P Y J P R T M
N U R Y N H O J R E P P A R T K X H R E
G N I S I R S E R U T A R E P M E T A D
E N N Q C H I C A G O S T O R Y N L U I
L O T B I S T B Y B L E W S U C R A M C
S E H E D R C H I C A G O H O P E Q A A
Y G E N E R A L H O S P I T A L H R W L
C R H C M F V C I T Y H O S P I T A L C
N U O A G J L S T E L S E W H E R E H E
I S U S N G I S L A T I V B L O O D C N
U H S E O O C S R O T C O D W E N E H T
Q C E Y R N R Y B R N D R K I L D A R E
D N A L T R A E H V W H E E L C H A I R
E B R E S W O H E I G O O D S C R U B S
```

AMBULANCE
BEN CASEY
BLOOD
CHICAGO HOPE
CHICAGO STORY
CITY HOSPITAL
CITY OF ANGELS
DOCTOR IN THE
   HOUSE
DOCTORS HOSPITAL
DOOGIE HOWSER
DR KILDARE
EMERGENCY
GENERAL HOSPITAL
GREYS ANATOMY
HEARTLAND
INTERNS
LA DOCTORS
MARCUS WELBY

MEDICAL CENTER
NORTHERN
   EXPOSURE
PATIENT
PHYSICIAN
PRIVATE PRACTICE
PROVIDENCE
QUINCY

SCRUBS
ST ELSEWHERE
STRONG
   MEDICINE
SURGEON
TEMPERATURES
   RISING

THE NEW
   DOCTORS
THE NURSES
THIRD WATCH
TRAPPER JOHN
TRAUMA
VITAL SIGNS
WHEELCHAIR

Solution on page 165

Grey's Anatomy

```
L L W W W P D M N E I T P A T I E N T S
S B V Q D U N U S X Z I P Q K F O U E A
D S Z E A F R P E S Z A R S R O T C O D
X C E L R S F F A M I L Y Z O E N T P E
S S X N E A L K T V E E R I C A H A H N
Y R L S L X K W T F A I A N L O C R Y I
K D E A A L I X L R G D A U C L R Q S C
P O E M T R I E E L N M B P B W U F I I
I K U M I I A G G L O M D T R H H O C D
S O E L O E P R N R A S Z T E T C J I E
S D D O N C H S A I E V A Y S I L S A M
O H N V S T T Z O M D Y C N I D F U N I
G I U E H D O B L H I N P E D E T R S R
C N O S I D D A S A E R E Q E R N G T C
D T E X P R P R K G T L E T N E A E T L
E E X W S O F M R R A X L Z T M N O U R
N R A M A R D E A C R M C E S A G N H B
N N M T F I M C M W E D D I N G E S X U
Y S V L H E S Y L B P X L G E O R G E N
I L A C T W P L G C O G H V N N P O I H
```

IZZIE
LEXIE GREY
LOVE
MARK SLOAN
MEDICINE
MEREDITH
NURSES
OPERATE
PATIENTS
PHYSICIANS
PREGNANT
RELATIONSHIPS
RESIDENTS
ROMANCE
SANDRA OH
SARA RAMIREZ
SEATTLE
SURGEONS
WEDDING

ADDISON
ALEX KAREV
ALZHEIMERS
AMBULANCES
ATTENDING
BAR
CHURCH
COMEDY

CRIME
DEATH
DENNY
DOCTORS
DRAMA
ELLEN
EMERGENCY
ERICA HAHN

EXAM
FAMILY
FRIENDS
GEORGE
GOSSIP
HOSPITALS
ILLNESS
INTERNS

Solution on page 165

General Hospital

```
B W O S Q Z R H C F F A T S R G S S N X
W E D D I N G T A E Y U R E M P X Q U S
Y S T K C K D A R N Y O N C I J D D R S
P U P R D R R E L A T I O N S H I P S E
M B I S A O A D Y C D H E C G S Q M E N
I M F C Y Y M T O S S L O L O U P P S K
E O H K T W A D Y T L T U N A Y L S Q C
V I A I I E F L N I T L N R Y S U I J I
S P M D M N L E L B U Y T C V G K C M S
H R O N E E I A A L C E B A U R E N E H
G O B A K T F L U O R R R S M K S A T A
Y C S P A F D O R M F E E S A Y P R R D
N S T P A W P I A M P I N A R M E F O Y
J X E I I U N I S O B U D D R U N E C B
M A R N Y T N W P N O L A I I R C I O R
N S S G H E A A E E R O R N A D E N U O
Q J L O S D O L N Y H V R E G E R E R O
T U S A N S R I C K W E B B E R W G T K
R I L L N E S S E L R A H C T R O P R A
Y W O N T C O E R O M A N C E W G A B V
```

AFFAIRS
ANTHONY GEARY
BETRAYAL
BRENDA
CARLY
CASSADINE
CRIME
DAYTIME
DEATH
DOCTORS
DRAMA
GENIE FRANCIS
HOSPITAL
ILLNESS
JASON
KELLYS DINER
KIDNAPPING
LAURA SPENCER
LOVE
LUKE SPENCER

LULU
MARRIAGE
METRO COURT
MOBSTERS
MONEY
MURDER
NEW YORK
NURSES

PATIENTS
PORT CHARLES
QUARTERMAINES
RELATIONSHIPS
RICK WEBBER
ROMANCE
SCORPIO
SCOTT BALDWIN

SHADYBROOK
SICKNESS
SOAP OPERA
SONNY
CORINTHOS
SPINELLI
STAFF
WEDDING

Solution on page 165

Scrubs

```
R V S Y W E T Z J R G K K R Q J O K X H
R J N G D S S U S N O E G R U S P B D S
B M A Z O Q D V R J E I F T L M X M D N
O E G I R Y O D H K M T L E H V G E C A
B F F A R B H C A Z T H K O I E B N O H
K S A E W E W W P Y Q R S N C H T T M T
E S Y N M N T A A G D P T A Z K C O E A
L E V R R E T E P J I R N R G P L R D E
S N D F Z I R X F T J E E R F P B E Y D
O L I R E G W A A S F D A S H U N A S
Z L N N C X N L E U C I I T M Y M I K R
O I T E M O T I O N A L S I R S G C Q O
R S E A Z D X I Y L C Z E O O I B I A T
K S R R R R R S G D W Y R N F C L D B C
M O N O N A M R E P U S L N I I Y E E O
F E S T L Y R Y B S S A A A N A T M G D
Y G N I H C A E T P N K L D U N M G N P
B Z H N N A T S I G O L O R U H B A D A
S K N A R P Y P X D W D J O A D J X R U
R Q X J R R H F M N H B X J Y C P P Y D
```

BEDS	DOCTORS	HOSPITAL	LIFE
BOB KELSO	DR COX	ILLNESS	LOCKLEAR
CAFETERIA	DR KELSO	INTERNS	MEDICINE
CARLA	DRAMA	JANITOR	MENTOR
CHIEF	DYING	JORDAN	NARRATION
COMEDY	EMERGENCY	JUDY REYES	PATIENTS
DAYDREAMS	EMOTIONAL	KEITH	PHYSICIAN
DEATH	HILARIOUS	KIM	PRANKS
			RESIDENTS
			SUPERMAN
			SURGEONS
			TARA REID
			TEACHING
			THE TODD
			TURK
			UNIFORMS
			UROLOGIST
			ZACH BRAFF

Solution on page 165

Hospital Words

```
V I S I T O R S I A T T E N D A N T S P
K A N T G Q F R I A H C L E E H W T N W
B C O T K A Y R O T A R O B A L B X J I
N H I G E F O P Q R P O H S T F I G I N
S I T S M R E R D T H E R A P I S T S G
G M A T E R N I T Y A U C D O C T O R S
W J T L A D O S S R R C Z N I V Q W H D
W S S T P L I G U U M C U R A C D W Q R
A N I E O A X A P J A E T P I L R W T A
E O P G S B H W P N C A E H R I U J N W
N E Y E I R S C L I I Y S Y E N G B E Y
I G C R N P U T I D S B M S T I S N M R
C R N I U S T N E I T A P I E C S O T A
I U E A V W I P S T I G B C F X D M A M
D S G T C O R O N A R Y O I A N R Z E R
E D R R N A I C I T E I D A C A O D R I
M J E I N S U R A N C E C N Z P C O T F
F V M C V O L U N T E E R S M D E O P N
U J E S T N E D I S E R O R D E R L Y I
N U E I X R Z P U J V M Y N E B A B F W
```

AIDES
AMBULANCE
ATTENDANTS
BEDPAN
BLOOD
CAFETERIA
CARDIOLOGY
CHAPLAIN
CLINIC
CORONARY
DIETICIAN
DOCTORS
DRUG
EMERGENCY
GERIATRICS
GIFT SHOP
INFIRMARY
INJURY
INSURANCE
INTERNS
LABORATORY

MATERNITY
MEDICINE
NURSES
OBSTETRICS
OPERATION
ORDERLY
PATIENTS
PEDIATRICS

PHARMACIST
PHYSICIANS
RECORDS
RESIDENTS
SHOT
SICK
STATIONS
SUPPLIES

SURGEONS
THERAPISTS
TREATMENT
VISITORS
VOLUNTEERS
WARDS
WHEELCHAIR
WINGS

Solution on page 165

Doogie Howser

```
H E R E H T O M S S E F I L C S D E Z W
N A S E U U F C J R U B A O K U L A P F
Q W R A G W A C O E G K N T U R I O R G
N H V R E A G I V M N I X U H G O H O N
U A O E I S N D Y R P I S D N E I R F P
R O C S R S I E O L L U C Y B O R Y E R
S I A I P D C D E O R Z T I D N H D S I
E U O D N I I D O T G E R E D T G R S N
H H I E P R T H E S T I D R R E E A I C
E I N N I V C A X E B D E R G F M M O E
Q H A T E S A M L L N K V M O C A E N T
F D I X H G R E B E S T F R I E N D S O
Z C C G M U P O I G R A I W P C D Y A N
Y L I M A F C R V N M A X C A S E L L A
D H S K B H F P C A L I F O R N I A G J
C E Y H C L P R E S S M A N E F D W U M
U N H O R Z C S R O T C O D N P K A O P
O E P I Y B R I L L I A N T T L O U D R
K S G X A R Y Y R K T R A M S D I A R Y
O X V W I K H S H J L M L F C O M E D Y
```

ABC
BEST FRIEND
BOCHCO
BRILLIANT
CALIFORNIA
COMEDY
COMPUTER
DELPINO

DIARY
DISEASE
DOCTORS
DOOGIE MICE
DR DOUGLAS
DRAMEDY
FAMILY
FATHER

FRIENDS
GENIUS
GIRLFRIEND
HARRIS
HIGH SCHOOL
HOSPITAL
LIFE
LOS ANGELES

LUCY BORYER
MAX CASELLA
MEDICINE
MOTHER
NURSE
ORDERLY
PARENTS
PHYSICIAN
PRACTICING
PRESSMAN
PRINCETON
PROFESSION
RESIDENT
SMART
SURGEON
TEENAGER
VINNIE
WANDA

Solution on page 165

Northern Exposure

```
Q W H Q P W L B W E K V U H E J S D B H
D U L K M L E M U U V N W O T L L A M S
I V S N N I O M N S C O F Y L E C I C T
L K O U R O J A N H H J L N I B R O C C
B Z E F S A T C I Q E P E F D Z O G T P
D J K E X I B G X G N A I C I S Y H P F
W K E E V W L K N Y W N S L O V A N C E
F R I E A I Y Q C I N A C T O E M N Z T
T P H T A S Q X L I H U H H R T H T C C
H N R K I R L D M S R S M K O O H Y U R
I S D Y L L E H S V J B A W J Q N G Y E
T N I M L R L T C Z D E N W C T F A S M
A W Z W N D H A R O G Y C O H H Z L U O
E O T E E M T B C O L E M I U E V C H T
N N S S S J R T E I P E A N R C H K A E
I S R P S U O E R C D E T R J U S L Z R
L U E V M R N A E Y O E R K Y D A A N A
C N N G U U M T L B R H M B C S L M B Q
E J U T Q Z D Q P O B Z X P K Y C O E N
F F H X I X Y J B K G A M A G G I E C K
```

ALASKA
ASTRONAUT
BEER
BRICK BAR
BUSH PILOT
CHIGLIAK
CICELY
CLASH
COLD
COMEDY
CORBIN
CURSED
CYNTHIA
DOCTOR
DUMPS
FLEISCHMAN
GEARY
HUNTER
ILLNESS
JEWISH

JOEL
JOHN
KBHR
LOVE
MAGGIE
MARILYN
MAURICE
MAYOR

MEDICAL
MINNIFIELD
MOOSE
NATIVE
NORTH
PHYSICIAN
REMOTE
REPORTER

ROB
RUTH
SHELLY
SMALL TOWN
SNOW
TREES
WASHINGTON
WILDERNESS

Solution on page 166

Nip/Tuck

```
S I M A I M U R P H Y T Q Q R S J Z F A
U R E B L I W P U Q G B E A U T Y K K X
R W A P K A T E T I N S L E Y E I N N A
G L A C I D E M E Y E L S N E H N H O J
E J S R O T C O D I A E Y B Q L R T L S
O U Y D G Y F R S H S S R W P A E Z I I
N L S L N C O K S E D O Q H Z S V U V N
S I G O I W M R I M A R R R P A R R I Q
P A U I P M A T T M C N A M A R A C A O
G N E H N M A A I S B E M M N D C E L L
Y M G S A A A F I K E E S C A O E I O I
M C D L D N R C R N M L R R N H H R R V
I M U A N X E U O M R L E H U A T E D E
M A B W I F D M S N K O I G E N M L E R
P H N N L Q E R O S U C F Z N N S A E P
L O W A F X N E T W O R K I C A R V R L
A N A L U F L O R I D A B O L R S Y K A
N E D Y M M O F E R O O M A V A U O A T
T B Y D V A R B N A I T S I R H C Z L T
S E M A J D D O O W Y L L O H O H P Y F
```

ANNIE
AVA MOORE
BEAUTY
BRUNO CAMPOS
CALIFORNIA
CHRISTIAN
COLLEEN ROSE
DAWN BUDGE

DOCTORS
DRAMA
DYLAN WALSH
EDEN LORD
FAMILY
FLORIDA
FX NETWORK
GINA RUSSO

HOLLYWOOD
IMPLANTS
JAMES
JOHN HENSLEY
JULIAN
MCMAHON
KATE TINSLEY
KIMBER HENRY

KIT MCGRAW
LASARDO
LINDA
LIZ CRUZ
LOS ANGELES
MATT MCNAMARA
MEDICAL
MIAMI
MURPHY
NURSE
OLIVER PLATT
OLIVIA LORD
PAULA MARSHALL
QUENTIN
ROSIE
SEAN MCNAMARA
SURGEONS
THE CARVER
TROY
VALERIE CRUZ
WILBER
WOMEN

Solution on page 166

M*A*S*H

```
B P T B F C G W N C Y V A A H U M O R B
H C O Z I X D O C T O R S T U C Y E O F
F J N T K C H O P P E R S W A M P M B C
T B J G T L H B W Z G O P U E P B B R Y
T O E O E E I A Z S P N Y O A S I W U A
M P E B S S R N P N E G I R R G H O S V
J L P G J F U H G L I O T T A A X E U F
S O S Z A R X I O E A A O H H T L K P V
N V K R S I S A N S R I S G L G I R P L
W E E E H K R I M K P T N M N O I L L Z
J O S Q S O R T A Y N I T B D D M F I U
S B U T R T T E R E K B T R E O O R E M
P B X N A U L L T N U S A A B B O A S Z
Q S L L D S S E I R U J N I L J C N Z J
T E G F A E E R N P S L L O A L W K I N
Q P Y Z R Q D S I O S E O M E D I C A L
T Q B N Y N S U S L L D O R D G P A R Q
D G L F V W J O B E J O K C H A R L E S
R W J B X S C N L B R B C P A Y R U A Y
D V Y E U C U B X H R D E A T H Y C S N
```

ARMY
BED
BLOOD
BOMBS
BURNS
CHAPLAIN
CHARLES
CHOPPERS
CLERK
COLONEL
CORPORAL
DEATH
DOCTORS
DOG TAGS
DRESSES
DRINKING
FIGHTING
FRANK
HOSPITAL
HOT LIPS

HUMOR
INJURIES
JEEPS
JOKES
KLINGER
LATRINE
LOVE
MAJOR

MARTINIS
MEDICAL
MILITARY
MOBILE
NURSES
POTTER
RADAR
SIGNPOST

SUPPLIES
SURGEONS
SWAMP
TENTS
TRAPPER
TRIAGE
WARFARE
WOUNDED

Solution on page 166

ER

```
B W Y X B B F W E D K Y I U A Q Q Q M N
O L P J O T D S S D B H G Y V Z J R X M
S R O T C O D R U G S E T I N J U R Y T
E K E O U S J B J L K C F E L P O E P R
S L S T D H O S P I T A L I Y R Y C L A
R S U S P X H M A R I A B E L L O N O U
U C R O T O N Y A M B U L A N C E A G M
N I G A Y R C R Y T E S T N E D I C C A
Z D E B T I A I D I S E A S E O P A S A
Z E R B O S R H L L E N E E R G K R A M
T M Y Y N E T S C E E N H R U A Z C L A
L A Y E Y C E S E C H I W O C L G R L R
G R G B G G R K E I P A F H J U I A Y D
A A O G A C I H C U L R S G T K N S F T
S P L D T B S S O R G U O D N A T H I T
D Z N X E K O R T S W A G E I I E Z E B
E A E M S N O A H W Y L E R C A R D L A
B J I L L N E S S T N E I T A P N T D L
F Q H X R J N Y E N I C I D E M S W S W
I C I G Q X J C C C M D T P S G C I N A
```

ABBY
ACCIDENTS
AIDS
AMBULANCE
BABY
BANDAGES
BEDS
BLOOD

CANCER
CAR CRASH
CHARTS
CHICAGO
DEATH
DISEASE
DOCTORS
DOUG ROSS

DRAMA
DRUGS
GUEST STARS
HELICOPTER
HOSPITAL
ILLNESS
INJURY
INTERNS

JOHN CARTER
JOHN STAMOS
LAURA INNES
LIFE
LUKA
MARGULIES
MARIA BELLO
MARK GREENE
MEDICINE
NOAH WYLE
NURSES
PARAMEDICS
PATIENTS
PEOPLE
SALLY FIELD
STRINGFIELD
STROKE
SURGERY
TONY GATES
TRAUMA

Solution on page 166

St. Elsewhere

```
U M B M I M S I E J O H N F A L S E Y V
O M R O S D R E D N A L H C S U A O N B
R Y Z M S M H C I L R H E R D U V H Y R
E J G Y U T R V U S T N E I T A P U U W
N F Y D E G O S G N I H C A E T H P A D
A F N E S N I N H C C I T S I L A E R J
V A A M L N E A I U E A Y R E G R U S X
A T B O B G S D R A F D N D P H W T R K
C S R C T Y E L Y C I N N C U R E L E N
X A U K O M R B E I K A A G E L S S F T
C V M C E P M E D U M R H G I R T Z M O
E R J A S Z E T N E M B A G E N P V S G
B E D L R I K R I N E A I M E L H G I P
O H H B O D F W A A I U S D O S A L T L
L T X N M F O E L T S H I N E E L Y U A
G U N R D H K E N H I S W K E N L R A L
W L A T I P S O H Y E O O F E B K Z Q R
O D R V V Q S I T R A J N S E S R U N V
N O M R A H K R A M R W S S R O T C O D
S N O E D I G N H O J G C R Q S Q X W G
```

AUSCHLANDER
AUTISM
BEN SAMUELS
BLACK COMEDY
BOSTON
CANCER
CAROL NOVINO
CAVANERO
CURE
DAVID MORSE
DOCTORS
DR EHRLICH
DRAMA
ED BEGLEY JR
HOSPITAL
HOWIE MANDEL
HUGH BEALE
ILLNESS
ISSUES
JOHN FALSEY

JOHN GIDEON
JOKES
JOSHUA BRAND
LUTHER
MARK CRAIG
MARK HARMON
MEDICINE
MIMSIE

MRS HUFNAGEL
NBC
NURSES
OPERATIONS
PATIENTS
REALISTIC
RESIDENTS
SNOW GLOBE

ST ELIGIUS
STAFF
SURGERY
TEACHING
URBAN
WAYNE FISCUS
WESTPHALL
WHINNERY

Solution on page 166

House

```
T N M R T B W S M C V D W L M Q A T L A
A I Z U F K C M G J Z T E A R D R O P S
M I D C F V S I S O N G A I D I X Q P V
R O C H W Y Y M R Y W L I M P S L L I P
T R M H T H E S Z T B E N D P E H D N R
V L S P A L L I S O N M F P T A H D A B
C L A Z B S A O R S R E E D V S F H E P
X N C O P A E M M N R C A M E R O N N
H M R S B A K O H I A G T C R S I S F N
K P A N W B T T C M C E I G E L E P O E
F B S Z W P R I O Z C N O T E C N I R P
S I G U M E D R E P N C N J V F D T E L
N N F Y B E P T U N B Y O Y X C X A M A
Y J S O M M A D O C T O R S A W N L A K
S U R G E R Y U J H S S E N L L I I N T
D R N T E S T S Q G R S C U H C D E I T
O Y G P V P X E U U P E D R T T O S A L
H V O U H C I R E H R S E S A Y C X P C
Q X Q I K X D D R A M A B E E C I F F O
P Y I L A S V C K T V C E S D R V I H Q
```

ALLISON
BAD HAT
CAMERON
CANCER
CASES
CHASE
DEATH
DIAGNOSIS

DISEASES
DOCTORS
DRAMA
DRUGS
ECCENTRIC
EMERGENCY
ERIC
FOREMAN

FRIEND
HEALTH
HOSPITAL
HUGH
ILLNESS
INFECTION
INJURY
KAL PENN

LEG
LIES
LIMP
MEDICINE
MRI
NURSES
OFFICE
OMAR EPPS
OPERATE
PAIN
PATIENTS
PILLS
PRINCETON
PROBLEMS
ROBERT
SARCASM
SURGERY
SYMPTOMS
TEARDROP
TESTS
VICODIN

Solution on page 166

CHAPTER 6: Reality TV

Reality Shows

```
B U L L R U N A R E M A C D I D N A C S
F R O N T I E R H O U S E R D X E E A L
O B I G B R O T H E R B L O N P W T R L
R L S E F I L Y T I N R E T A R F H E I
E F P A J K T A W J X E B C L O F E Y H
V J O K M R N M S H R X R A S J E M O E
E O C R R E A C A E E I F I E C O U H
R E O U D V R R I V D C T E N C I L H T
E M M N P O U I T E N A Y N O T T E O R
D I B D P E A C C R E R M E I R N F T A
E L A E I K T A A A T G O B T U E I B D
N L T R M A S N T G N N L E A N R L O I
C I M O P M E C E E O I E H T W P Y O N
O O I N M E R H R J C Z N T P A P T T G
D N S E Y M E O A O E A T V M Y A I C S
E A S R R E H P C E H M T O E N E R A P
R I I O I R T P S W T A H V T N H O M A
O R O O D T X E N S L R I G E H T R P C
O E N F E X F R F L A V O R O F L O V E
M U S T R E A S U R E H U N T E R S R S
```

AMAZING RACE

AMERICAN
    CHOPPER

AMERICAN
    INVENTOR

ARE YOU HOT

AVERAGE JOE

BIG BROTHER

BOOT CAMP

BULLRUN

CANDID CAMERA

CELEBRITY MOLE

CODE ROOM

COMBAT MISSIONS

COPS

EXTREME
    MAKEOVER

FLAVOR OF LOVE

FOREVER EDEN

FRATERNITY LIFE

FRONTIER HOUSE

JOE MILLIONAIRE

PIMP MY RIDE

PROJECT RUNWAY

SCARE TACTICS

SORORITY LIFE

TEMPTATION
    ISLAND

THE APPRENTICE

THE BENEFACTOR

THE CONTENDER

THE GIRLS
    NEXT DOOR

THE HILLS

THE MOLE

THE RESTAURANT

TRADING SPACES

TREASURE
    HUNTERS

UNDER ONE ROOF

Solution on page 167

Extreme Makeover

```
J O F N T D T Q F U C O S M E T I C U K
Z C A K H E T S V O L U N T E E R C F C
J F S I I P E N N I N G T O N M E Y A U
A Z H D F G E T F B D N O M R U H T M T
U K I U A A E I H O Q S T N A L P M I Y
S R O D W S T L O W Z A R L J V V D L M
Z E N G T N O W C O H M I B G F W I I M
O A Y A E L Y L P E S I C R E X E G E U
B C N S G L E D E R M A T O L O G I S T
D T S S L N Z G B M A E T E M E R T X E
F I G O N O I T A M R O F S N A R T S J
N O H L T Z P S R M L E M O T I O N A L
U N Y T U A E B S V I C O M M U N I T Y
H S E H T O L C W E N I M H P C A G Z R
W R D G N I B O R D R A W L H S C Q D E
T O A I E B F R I E N D S X Z J S F E V
W T X E I T K N O I T I R T U N X X N O
H C M W N O I T C U S O P I L H U R T C
X O T O B T T M Z E C N A R A E P P A E
A D Z A G M O B O K S E G N A H C Z L R
```

APPEARANCE DENTAL FASHION NEW CLOTHES

BANDAGES DERMATOLOGIST FITNESS NUTRITION

BEAUTY DIET FRIENDS PENNINGTON

BOTOX DOCTORS HAIRDRESSING REACTIONS

CHANGES EMOTIONAL HOLLYWOOD RECOVERY

COMMUNITY EXERCISE IMAGE TEETH WHITENING

CONTESTANT EXTREME TEAM IMPLANTS THURMOND

COSMETIC FAMILIES LIPOSUCTION TRANSFORMATION

TUMMY TUCK

VOLUNTEER

WARDROBING

WEIGHT LOSS

Solution on page 167

Survivor

```
C O K S Q K H Z T W A N T F G R Z C K E
F V I L L B K J K F I R E G T L I E X Q
U E O I Y N H P V E Z E B U D A I B W M
U L T T S P F M R K W T P H L Z B I U R
A C I J I F J A C O G A I S M U S R Z E
A I Q N X N X C W O P W U I F J E T T M
Q J L J U N G L E A U O I F L B M N E S
A L A A A G J Z M C C N S N M E A R N C
A M A C R H J S D O N N C A N H G B T P
M L A Y I T D H T E B A Z I L E K Z S S
A R L N A R S K R N D Q R R L A R M O U
Z X O I A R F U H E P N E U D T A A H T
O A C W A P T A A M X T A Z D E Y N P J
N S E A R N K E K I L F Q R T N G I I U
R R A J E X C G B E R T O O T O E H H I
E E N V U D A E H S I U R O J S T C P U
A Y D T N A B S S W O C V D D U A E A G
S A P S I V T V T J H V M T X E R J P Y
A L H S O D U U D E E R G U B J T Y Z Q
B P A I N W O T S P Y E N O M G S Y N K
```

ADVENTURE
AFRICA
ALLIANCES
AMAZON
AMBER
ASIA
AUSTRALIA
BEACH
BETRAYAL
BUFFS
CAMP
CHINA
COUNCIL
ELIZABETH
ENDURANCE
ENEMIES
FIJI
FIRE
FOOD
GAMES
GREED

HEAT
HOST
JUNGLE
JURY
MERGE
MONEY
OCEAN
OUTBACK

OUTDOOR
OUTWIT
PANAMA
PLAYERS
PROPOSAL
REUNION
REWARDS
SHELTER

STRANDED
STRATEGY
TEAMS
TORCHES
TRIBE
VOTING
WATER
WINNER

Solution on page 167

The Apprentice

```
M D S N O I T S E U Q S G B U R H L J O
B K B U S I N E S S T R A T E G Y E U I
H Z Q M Z P C V O W Y B M J D Z M Q X Q
B U X E M H O I A A C K R O Y W E N U X
M I J G A I O T E A M W O R K T Y O C I
O X Y R N T B U T E L I M I N A T I O N
N P I O A D N C E L E B R I T Y C S P T
E T L E G D C E M A R K E T I N G S P E
Y X A G E O V X M O O R D R A O B U O R
X W K Z M X A E D Y E E S R P I T C R V
Z I N P E M S S R T O L L U P T A S T I
N N A P N A S E E T R L P L I I S I U E
D N V Y T E I T A L I U P O D T K D N W
Y E I O M T S A M B L S M M E E S W I S
T R R A G G T D J O D I I P E P R E T I
E S G I P N A I O S C I N N T M R I Y B
Y C T N H I N D B S O J O G G O P I F A
Y R A L A S T N A T S E T N O C W P Z J
X S W R O O C A M C H A L L E N G E S E
R N K W Y L K C X G B S S E L H T U R G
```

ADVERTISING
ASSISTANT
BILL RANCIC
BOARDROOM
BOSS
BUSINESS
CANDIDATES
CELEBRITY

CHALLENGES
CHARITY
COMPANY
COMPETITION
CONTESTANTS
DISCUSSION
DREAM JOB
ELIMINATION

EMPLOYMENT
EXECUTIVES
FIRED
GAME
GEORGE
HIRED
INTERVIEWS
IVANKA

LOSING TEAM
MANAGEMENT
MARKETING
MONEY
NEW YORK
OPPORTUNITY
PEOPLE
PRIZE
QUESTIONS
RACE
RUTHLESS
SALARY
SELLING
STRATEGY
SUITS
TASKS
TEAMWORK
TRUMP TOWER
WINNERS

Solution on page 167

American Idol

```
A C A P P E L L A U D I E N C E S M U S
U X I C A F C A M E R A V G O C S P N N
E K K Y U L F Q P N T A T N N E E G K Q
S J N K L S S D U P I H N I C V C S S Y
N P E O A R E N N N L A R G E T C N T N
I D K O A E T U R S U A U N R C U V A M
J K I C B F O O Q D R M U I T K S D R D
T P A D D W F R I I Q E V S G H T O U G
W B Y I U I L T C D T R W W E O G R G A
O M A V L F I X B O B I C E P S F I B R
J O L A C O I E G T T C R T I T V G S T
U X C D N Y G N N M F A E C J V C I A I
D F N S W J I X A E G N M O T O W N F S
G J T C K T Z R A L U P O P P F P A E T
E N G A H U N P I I I Q Q V J Y N L J S
S C N G L R R S V N B S J B O T E K R E
O W I N N E R S G D L J T T A C I S U M
N L T V S O N A Y A J N A S T N A J O E
G R O X D G U T D W V D I E F C D L T H
S T V S E A R C H Y A A D O E O X S E T
```

A CAPPELLA
ADVICE
AMERICAN
APPLAUSE
ARTISTS
AUDIENCES
AUDITIONS
BAND
BO BICE
CALIFORNIA
CAMERA
CLAY AIKEN
CONCERT
CRITIQUES
DANCE
DAVID COOK
FANTASIA
FINALISTS
HOST

JUDGES
LIGHTING
MELINDA
MOTOWN
MUSIC
NEXT ROUND
ORIGINAL
PAULA ABDUL

POPULAR
SANJAYA
SEARCH
SELECTED
SINGING
SONGS
STAR
SUCCESS

TALENT
THEMES
TOP TEN
TOUR
VIEWERS
VOCAL
VOTING
WINNERS

Solution on page 167

Fear Factor

```
S G R K Y K K U S C A R Y A W C M R P U
L N E D Y T I L A E R Y E Y V O J V Z Q
E I T H S K C H A L L E N G I N G E M B
Q N A G O R E O J J S I O E R T E Y I G
R N W N G J M S M C N T M E M E S J N S
U I M I D J A T Q P A S C I X S Y I T X
T W W K A E G L S F E R M E N T T A L S
M B Y N N C H E I G H T S A S A R Q L C
X K M I G N I T S U G S I D E N T E J P
S T D R E A C O P B Z N M T V T I E M Q
K O W D R R F U T R I Y I A I S R Q D E
D L D G O U A R D H I S F T R O Q U F G
R Y L I U D T N A N P Z I F L A N P O N
D I R G S N C A I I K Z E L P O E P O F
D K Y M P E W M D M D D J S P W V F D A
C R R I K E U E A H A B Y S G U B E Q N
L O A T P F R N X R G L S K W Y Z A R C
W B A D C S T T I D Z O S E K A N S U S
L Q Q V S T U N T S R O U M P K O O C Q
W C T V C I G O B G W D Y F H K V N J L
```

AFRAID
ANIMALS
BLOOD
BUGS
CARS
CHALLENGING
COMPETITION
CONTESTANTS

CRAZY
DANGEROUS
DARING
DISGUSTING
DRINKING
EATING
ELIMINATED
ENDURANCE

EXTREME
FEAR
FOOD
FOUR TEAMS
GAME
GROSS
HEIGHTS
HOST

INSECTS
JOE ROGAN
MONEY
PEOPLE
PLAYER
PRIZES
RATS
REALITY
REVOLTING
SCARY
SNAKES
SPIDERS
STUNTS
TOURNAMENT
WATER
WINNING
WORMS

Solution on page 167

Big Brother

```
Y X B P L A Y E R S T R A N G E R S D K
Z O U K T E N R E T N I G L W D R A M A
W J V E I N O S S E D O S I P E O J B P
K D J L W O M X Y G E T A R T S H Q G H
S U U B O I I D U R S S E N D E M O L O
P J R A X T N N R E T T E L L E N A J T
P M Y T X A A T C S S S T C P W K F S O
L W Q C O N T R O V E R S Y N E G E U S
B I O X C I I E X R U T B E Y A G A R A
R N V S Q M O M P O G N A S L N I E M R
N N B E D I N M Y D E T E M E U S L H E
X E R Z F L S U M V S Q Y L E O R N L M
M R P Z G E H S I O U N L Y L S L O P A
F S T I N X E C H E O A H O T T U B B C
B E W U I A T D S M H R B E D R O O M A
Q Z I Q T I T T E C G K Y T Y Q R D H A
K I S D O A E R Y C A V I R P O N Z D D
C R T N V R E C T E N D U R A N C E H I
D P S X Q C M Z J I S O L A T I O N Z S
M N S T W I M M X O A K Q T H C D S M N
```

ALLIANCES
BEDROOM
CAMERAS
CEREMONY
CHALLENGES
CONTROVERSY
DIARY ROOM
DRAMA
ELIMINATION
ENDEMOL
ENDURANCE
EPISODES
EVICTIONS
GAME
HOST
HOT TUB
HOUSEGUESTS
HOUSEMATES
INTERNET
ISOLATION

JANELLE
JULIE
JURY
KEYS
LETTER
LIVE FEED
LOSERS
NO PRIVACY

NOMINATIONS
PHOTOS
PLAYERS
PRESENTERS
PRIZES
QUIZZES
RULES
SEQUESTER

SLOP
STRANGERS
STRATEGY
SUMMER
TABLE
TWISTS
VOTING
WINNERS

Solution on page 168

Dancing with the Stars

```
G P E V A N C E N O F D W T B J G X K Z
I N J U R I E S E T E L H T A N Y H R Q
D J H E S W T D G F E N G X I D W O E M
F Q F U Y S A N W Q O M U R E J U Z A A
D U M I O N I W I I A X O Y V T Z K L K
K I K H C H Q M T R J C H C I T B Y I E
K C T E C C P A I R S O K N J P N M T U
U K R A I K N O I T I T E P M O C J Y P
T S E D S I L H S F O S R Y N Z D O W R
X T L T M O N E K M O C E U F O L H S A
F E E I P P G R B N E R D M M A C N M C
H P L E S D R E W L A C H E Y B T S G T
S E Z Y U A R I E O O M C Y A W A O F I
F V C J T G R B M S B I D L A T I N N C
Z O W N E S R I T E R M O O R L L A B E
W N X R E I E U N Y T P A S O D O B L E
R A O T T I M E R N I I X M E G G J M Y
F N L Y R E D R R V A P M W I N N E R S
S R A T S O E U J F L Z I E C J A E G G
V G Y M Z J T R A I N I N G W E T D L A
```

ABC
ATHLETES
AUDIENCE
BALLROOM
CELEBRITY
COMPETITION
COSTUMES
DANCERS

DEREK HOUGH
DREW LACHEY
ELIMINATION
FOXTROT
FREESTYLE
HOSTS
INJURIES
JERRY RICE

JIVE
JOEY FATONE
JUDGES
KYM JOHNSON
LATIN
LEN GOODMAN
LISA RINNA
MAKEUP

MAMBO
MARIO LOPEZ
MUSIC
PAIRS
PASO DOBLE
PRACTICE
PRIMETIME
QUICKSTEP
REALITY
ROUTINES
RUMBA
SCORING
STARS
STEPS
TANGO
TEACHING
TOM BERGERON
TRAINING
WALTZ
WINNERS

Solution on page 168

The Real World

```
I M B X P Y O U C Y D M O M J L M W F K
W S X D Y Y O X A G U R T D O I G Z X L
W P G D X G Z R J L C D A V A X C W Y R
S A G E V S A L H O U S E M A T E S R S
N O I G I L E R C L E R I L A B W P M L
O O A N S E L E G N A S O L L O N D O N
I Z J E R G K S O U E L L A V Y N O Q D
T S C L R D B H R V M L I C D F P J G N
A Q G L P O P H E E R E R E H R Z U B Z
C C E A A O J N U B G E N B G I U A C U
A J A H R W C O M M U N I T Y E C L Z K
V K O C I Y N O B U R T A H S N L A E S
B I I P S L A X N S D U T R T D W L G S
S M N N L L Q Y P F D F N O T U S E O O
E N S E C O S V Y I L U E X H S R C Z C
A U S O W H M Y T D R I N K I N G N A I
T M H J K Y M I N U B I C A M E R A S T
T O V J W C O R Y F I G H T I N G M B Y
L I E S O N B R I A N N A N O T S O B M
E M L K M Y J S K F V W N L E V A R T T
```

ALCOHOL
ARGUMENTS
AUDITION
BOSTON
BOYFRIEND
BRIANNA
BUNIM
CAMERAS
CHALLENGE
CHICAGO
CITY
COLLEGE
COMMUNITY
CONFLICT
DRAMA
DRINKING
FIGHTING
HOLLYWOOD

HOT TUB
HOUSEMATES
JOBS
LAS VEGAS
LIES
LONDON
LOS ANGELES
LOVE

MIAMI
MICROPHONES
MTV
NEW YORK
PARIS
POOL
PUCK
RELIGION

ROAD RULES
ROMANCE
RUTHIE
SEATTLE
SEVEN
STRANGERS
TRAVEL
VACATION

Solution on page 168

COPS

```
S T H G I F Y T J S D R U G S C J A J Z
J N T K R O W T E N X O F C U W A J M S
Y R E B B O R X U L E S F M O I I G T M
U U D H T T S E I P E H Y F N C L N H Z
L N G A W C E E V N E V N O I T A T I C
P N I L C H A L G I S D I L B R L I Y T
H I J J S A R K C D L T H S R D E Y N C
Z N P O T S C I F F A R T A I N A H N E
L G B H S E H P P C N B W B S O B B S P
X R Q N E S G M O S I U K U E K N C O S
G R R L R P Y L E L M G U N S N C A F U
D T F A R J N A N O I T C A A Y A M Y S
J Y I N A O C Q I Z R C B V H L U E X V
N B V G V I O L E N C E E D C B G R P K
K E D L H F U T N E R R U C R I H A K N
H W R E I X R S F F U C D N A H T D U I
S U Q Y D O T S U C Z Z I P C R G I Y V
U R S Y T F L U W G N I T O O H S I E E
F V K B O E V Z D D I R H L S I R E N S
H M V K H Z V I C T I M S T E K C I T S
```

JOHN LANGLEY
KNIVES
LIVE
ON LOCATION
PATROLS
POLICE CARS
ROBBERY
RUNNING
SEARCH
SHERIFF
SHOOTING
SIRENS
SUSPECT
TELEVISION
TICKETS
TRAFFIC STOP
VICTIMS
VIOLENCE
WARRANTS

ACTION
ARRESTS
BAD BOYS
BADGES
CAMERA
CAR CHASES
CAUGHT
CITATION

CITIES
COCAINE
COURT
CRIMINALS
CURRENT
CUSTODY
DEPUTY
DRUGS

DUI
FIGHTS
FOOT CHASES
FOX NETWORK
GUILTY
GUNS
HANDCUFFS
JAIL

Solution on page 168

America's Got Talent

```
Q J N M U S I C F V F O R L A N D O C D
P X P T E R R Y F A T O R X W B A N C O
J A R Q G E D W O R C N L V E M N A O X
Y S N D N Z S X H C U R A S A V C W F T
S X A E I Z Q L L K M F O T Y T I D U X
I X M M L U Y I E A X N E B S E N L S Y
F P E A G B C G S G S U O E A E G C P R
M H R E G U Y H S O R V W L X T T A K G
Y Z I Z U I Z T A S O H E T T Z I N T Y
L L C I J P C S H R J E R G M B E C O S
Y M A R U O O I I G L O I J A L J V S C
M Y A P P R O V A L U O U G L S P H A O
T P J A A O O U S N O I T I D U A S O M
M O S U U G P I D E S C V T L V H I Z E
Z V U B D D N E G O A H N I E A J T N D
W C N R F G I I R R S C K P L R L I R I
Y J I A I E I E T A F R K E Y I O R K A
W I N N E R S N N O B A Y U O E Q B L N
C N G D V M O S G C V E C O S T U M E S
O Y M Y G C R B H S E S N R A Y E Z Z Y
```

ACROBATICS
ACTS
AMATEURS
AMERICA
APPROVAL
AUDIENCE
AUDITIONS
BRANDY
BRITISH
BUZZERS
CAS HALEY
CHARLOTTE
COMEDIANS
CONTESTANT
CONTRACT
COSTUMES

CROWD
DANCING
HASSELHOFF
JUDGING
JUGGLING
LAS VEGAS
LIGHTS
LIVE

MAGICIANS
MUSIC
NASHVILLE
NEXT ROUND
OPERA
ORLANDO
PANEL
PRIZE

SEARCH
SINGING
STAGE
TERRY FATOR
TOUR
VARIETY
VOTING
WINNERS

Solution on page 168

CHAPTER 7: Sci-Fi and Paranormal Shows

Supernatural Shows

```
M K F A R S C A P E E Z B A D J K G W V
P S R P I N S E I S I A D G N I H S U P
O B A J L O S T I N S P A C E L K E U R
C S W R S S L E G N A K R A D X S O O Y
E C K A S T M A X H E A D R O O M R T B
R O E N T E N O Z T H G I L I W T E H T
U O T A I J E A T H E X F I L E S H E C
T F A I M E O P I O H W R O T C O D T C
U U G D I H M W M G C H A R M E D E R H
F T R N L T M D R I E W O S M A J B I B
U C A I R R E D I R T H G I N K E I B I
T E T E E R E K L A T S T H G I N R E O
U J S I T N A L T A M O R F N A M R D N
R O Y R U O S T H E P R I S O N E R X I
A R L E O Y L F E R I F S R E D I L S C
M P A E L M U T N A U Q L A M I N A M W
A I M Y F A V O R I T E M A R T I A N O
D M K E R T R A T S R A M N O E F I L M
B O X N R O S W E L L E G E N D X T Q A
A Z J N G M H I A L I A S U P E R M A N
```

ALIAS

BIONIC WOMAN

CHARMED

DARK ANGEL

DOCTOR WHO

EERIE INDIANA

FARSCAPE

FIREFLY

FUTURAMA

FUTURE COP

HEROES

I DREAM OF
    GENIE

KNIGHT RIDER

LAND OF THE
    GIANTS

LEGEND

LIFE ON MARS

LOST IN SPACE

MAN FROM
    ATLANTIS

MANIMAL

MAX HEADROOM

MY FAVORITE
    MARTIAN

NIGHT STALKER

OUTER LIMITS

PROJECT UFO

PUSHING DAISIES

QUANTUM LEAP

ROSWELL

SLIDERS

SO WEIRD

STAR TREK

STARGATE

SUPERMAN

TEKWAR

THE JETSONS

THE PRISONER

THE TRIBE

THE TWILIGHT ZONE

THE X FILES

Solution on page 169

Star Trek

```
S U I R E B I T G R C C Q G Y X O X D B
N N J E S L L U C Q O F N F A T A D Q K
A R A V N P R O M E N A D E K F T U E C
C E N I N E C A P S P E E D R E A O U O
L K E R S V X S Z C W N B E I R X L C P
U I W D Z S H T H O C G U R K E T I C S
V R A P C Y A E G D H A T A T N B N G X
W M Y R U U K D R E L G S T S G P O R U
T A S A Q O H A R O N E E I E I H A O E
E I A W V N W U G A D E I O M K O T B L
E L O H M R O W R Q C D R N A I T G E R
L L Y E O M A N R A N D E A J I O U H T
F I C F B K D R A C I P F N T Q N I T D
R W N S N O G N I L K Y F U B I T N A F
A E N J A D Z I A D A X E L Z E O A S P
T X C G K F Q F S P V S J U L U R N H K
S J G H O L O D E C K R E S A H P R A C
R E H S U R C Y E L S E W B O N E S Y F
V O Y A G E R I O R T A N N A E D J A I
E N T E R P R I S E S N A L U M O R R D
```

BONES
CARDASSIANS
CHEKOV
CULT
DATA
DEANNA TROI
DEEP SPACE NINE
ENGAGE
ENTERPRISE
FEDERATION
FERENGI
GEORDI LAFORGE
GUINAN
HOLODECK
JADZIA DAX
JAMES T KIRK
JANEWAY
JEFFERIES TUBE
KLINGONS
NEXT GENERATION

PHASER
PHOTON
TORPEDO
PICARD
PROMENADE
QUARK
RODDENBERRY
ROMULANS

SCOTTY
SPOCK
STARFLEET
SULU
TASHA YAR
TEN FORWARD
THE BORG
TIBERIUS

UHURA
VOYAGER
VULCANS
WARP DRIVE
WESLEY CRUSHER
WILLIAM RIKER
WORMHOLE
YEOMAN RAND

Solution on page 169

Buffy the Vampire Slayer

```
T Q O H T F E R X Q J Y Q E U N Z Z V S
L H D V U M I A J C L H I G E C V R G E
S J T U B L N L L E W E H M H W S E B C
L S U A E D O L S O F A S K O O B H D G
N N O Y E S D E G E L L O C V L S C T E
S N Z R I D E G S K L L O W G L I T N S
T K F L C C V C L I G I B W G I A A S C
L N E M O W I V A P F S M L E W I W K H
K I E V A G L V Y S L U E D O R L W X S
M K Q D A R K N E S S R E G A N E E T I
W C X M U M A F R I O D G R Y T D W V K
F E O O Y T P T S Y F U B F N G R E P G
L H E K A T S I X T H I L I A N O R J D
G M N Q N C U F R H L S G S E I C I E G
P W S Y A B N A B E O U X H X L T S T H
O A D R Z D E M O N S R C I T L T H I E
Q K Y W H A B I R U P E R T G I L E S C
R U Y Q D C Y L C A C T I O N K N U K Y
X Z P M N U M Y O U N C G Y R Q O G Z O
M N Z D S J E E K R A K Z H L H O T Y J
```

LIBRARIAN
MAGIC
MILES
RILEY
RUPERT
SCARY
SLAYERS
SOULS
SPIKE
STAKE
STUDENT
TARA
TEENAGERS
VAMPIRES
WATCHER
WEREWOLF
WILLOW
WOMEN
XANDER

ACTION
ANYA
BLONDE
BOOKS
COLLEGE
CORDELIA
CROSS
CULT

DARKNESS
DEATH
DEMONS
DESTINY
DRUSILLA
EVIL
FAITH
FAMILY

FIGHTING
GELLAR
GHOSTS
GILES
HORROR
HOUSE
JOYCE
KILLING

Solution on page 169

The Addams Family

```
X D B H Q D R A X S U T E Z S J F F M H
J U E C J D N P A B R F Z L O P F E C S
L N L T P T W T C Y J I W X I O E R N A
J I C I N L D W A W P R C P P Z U I C M
Q Q P W Q U H A B M E E Y H T L A E W Y
X F V K B C A I N L N Y E Q K R W R E J
D L J I L I G H T B U L B R T O E N D E
E U H D W F C U E C I P A N C H O M I G
B F Z S A E B H F A S W K R C M F K O A
P N F Z R R P A I E Y E L S G U P T Y H
K M D S D E K U G L G S L L O D H V K Z
M A I N W E D N E S D A Y D G B U O Q S
A N S X A Q I I G J A R I F N U Y R F R
P S R D M H E L P R U Y E R A A O M A B
A I C I T R O M O S G G K N R M C G P L
B O K O B O X E T I H R F O U A I B I G
T N L A M S S N O I T O P H O C M L T I
A C C Y F U A J Y D E M O C Y P Y Y Y F
X A L R A L V F H F R E N C H Q S E V O
M Z K X P K B P O S C D V R O T F V C H
```

BUTLER
CANDLES
CHILDREN
CIGAR
CLOTHING
COMEDY
CREEPY
DARK
DAUGHTER
DOLLS
FAMILY
FRENCH
GLOOMY
GOTH
HAND
HAUNTED
HOMER
HUMOR
KIDS

KOOKY
LIGHTBULB
LILY
LIZARD
LUCIFER
LURCH
MACABRE
MANSION

MARRIAGE
MONEY
MORTICIA
OPHELIA
PANCHO
PLANTS
POTIONS
PUGSLEY

RICH
SPIDER
SPOOKY
TRAINS
WEALTHY
WEDNESDAY
WITCH
YOU RANG

Solution on page 169

Third Rock from the Sun

```
F X H V K E Z N L Y Y T L L E A D E R W
A D A U I S F O D D B A L L H S S U U J
M T O M M Y O I H O W Y R U O N T H A S
I M T T X A W S L S E I M C G H R N P T
L N E B W R N S N D E A I O E L E H A N
Y T I S R E V I N U N E R R O C P V R E
Y H F U N Y Y M T F T D F T U H X A T D
B G J N G Y D A O Y O O N R H U E H M U
K I O W O U E R E N R U T Y R R E T E T
P N H L H M M Y W D S I X S E A S O N S
I K N J O I O A R J N N U S N T O O T R
O E L F M P C L Y R Y I I I U E I I E E
T N I F E H O B O L A M N O M T I G R R
Y Y T U P Y K R L S B H C A I G A L R O
G A H M L S S I H I K S N D J N J D A L
H W G E A I S G K T Y C E I E V O N Z P
W M O K N C W H R O N P I E Z E S G I X
D Q W G E S A T B W X A T D C T E W B E
V I Y V T L B N K E C B U D W V P F K C
P S T S I T N E I C S A L L Y K H Z W K
```

ALIENS
ANTHROPOLOGY
APARTMENT
BIZARRE
BOY SCOUTS
COMEDY
DICK SOLOMON
DUBCEK

EARTH
EXPEDITION
EXPERTS
EXPLORERS
FAMILY
GORDON
HARRY
HOME PLANET

HUMAN FORM
HUMANITY
JANE CURTIN
JOHN LITHGOW
JOSEPH
LEADER
LIFE
MARY ALBRIGHT

MISSION
NAME
NINA
ODDBALL
OHIO
PHYSICS
RUTHERFORD
SALLY
SCIENTISTS
SILLY
SIMBI KHALI
SIX SEASONS
SOCIETY
STUDENTS
TEENAGER
TERRY TURNER
TOMMY
UNIVERSITY
WAYNE KNIGHT

Solution on page 169

Stargate

```
H E P O S P R E T W V F N T U D E S G J
S G C F E E W O R L D S P E C I E S J I
J A F F A M S A M I E N E M Y R R N T X
K H M Z R L I R A W K V I P O A U O A K
Z X I Z T T G T S L E N O L O C T I O G
Y G S V H O M E F I F E P E A S U T W P
X E W D Q F G Y B I T X B T E T F C L R
S J L J C O C T N D E N E G O O R A B T
B M S D D E C I V E D R A N F I N O E W
L M O S O D T C X F C U G L Y E H Y P A
M M J N N Y J T E E G M Y G T F L Z A X
F H I E O E T S S N H I O S L A V E S G
O Y I W N R I O A D L L E H C T I M G A
T Y E S T N V L S I O I Q S A N C O A O
W S B X T X I E A N C T R X Y M I Z R Z
Y P D F I O L F H G X A P Y R A M I D M
E A I R F O R C E C X R N P V A S O G J
G C P L I V E Y S R Q Y T O E L O L N D
L E V A R T L U Z Y X C X T N A C D I D
G T B P X O W J B L A M D K T V B V R H
```

ACTION
AIR FORCE
ALIENS
ASGARD
ATLANTIS
CANON
CHEVRON
COLONEL
COSMIC
DEFENDING
DEVICE
EARTH
ENEMY
EVIL
EXPLORE
FUTURE
GIZA
GODS
HAMMOND
HISTORY
INFINITY

JAFFA
JENNIFER
LANGUAGES
LOST CITY
MILITARY
MITCHELL
ORI
PLANETS

PORTAL
PYRAMID
RING
SECRET
SLAVES
SPACE
SPECIES
TEAM

TECHNOLOGY
TEMPLE
TEYLA
TIME
TRAVEL
VALA
WORLDS
WRAITH

Solution on page 169

Mork & Mindy

```
F S E I M L U T V S H S N A K R O W U A
C R X S D G X L N R V X M S K S G V B Q
O A I F R E D E Z E W C U A M K V U S T
X L D E Q U P B H Y M A R R I A G E L O
T P O C N T C I O M K T B O U L D E R O
U H R J U D C K C O L O R A D O L S I K
S J C N H L S P A C E C R A F T O I B X
H A E E T D H C N A P R J P N N Z W Z
B M M F H M R B I C K L E Y I A X M T O
O E G O I A U A J P K A B T O B Z A H S
Q S H G H D N E E R A N W H A C W Q G S
G V R A G T E I V M D E A U B M W X L D
Z X G E V P Y N G L J T D M M A M A A O
V D J N D I C A T N U O M A R A P O C Y
A G G E I N O S J I S R A N C S K R O M
L G T G O Y E R O M T K P N T I M A R R
P N U U D C L P J B G Y K I N W T B A M
U U H E R R D F S S P A C E S U I T N V
T I L E D S R B Y U K K A L I K O U A A
X N T L T D B R R Q S N E I L A E C D R
```

MORK
MR BICKLEY
NEPTUNE
ORKANS
ORSON
PAM DAWBER
PARAMOUNT
PLANET ORK
RALPH JAMES
ROOMMATE
SECRET
SHAZBOT
SLAPSTICK
SPACECRAFT
SPACESUIT
SUSPENDERS
VEHICLE
WILLIAMS

ADJUST
ALIENS
APARTMENT
ATTIC
BEHAVIOR
BOULDER
COLORADO
CORA

CURSE
DELI
EGG
EUGENE
EXIDOR
FLYING
FRED
FRIENDSHIP

GINA HECHT
HUMAN
IDENTITY
JAY THOMAS
JEEP
KALIK
MARRIAGE
MEARTH

Solution on page 170

The Six Million Dollar Man

```
G O T K M F O T U A N O R T S A Q W V R
M N O I S I V K I R J L S T S S P E E D
B A L I N J U R E D U L E L H S J B S O
F L I G H T F Q R X L N O S O C U H D Z
N L P V F O N O J E N W F R J I H J N K
P A T R R P M D W I M V Z A L E R O Y L
X R S C E A N Y S O C S L T S N I R R S
G H E A N G D S T E V E A U S T I N A G
U L T C U U N I B Q X R T L C I E T T Y
O P E W R I O O S I H U N A O F Y R I M
M U C E R N F M R U O T E B L I E E L S
G C H L M E K R M T P N M V O C I A I D
Z R N T W A T A H M S E I L N G K D M T
B A O O O P J T C L Y V R C E L X M P G
P S L B S I X O E C U D E H L G W I L Z
B H O O Y G O H R B I A P R U I S L A H
E B G R U C L H H S F D X M U M M L N I
H J Y E G G O V E R N M E N T A B T U
Y K P H T E E U G I N Z P N I C U N S X
N J Y E A H U A I R C R A F T C W F Z H
```

ACCIDENT
ACTION
ADVENTURES
AIR FORCE
AIRCRAFT
ARM
ASTRONAUT
BETTER
BIONIC LIMBS
COLONEL
CRASH
CYBORG
EXPERIMENTAL
EYE
FLIGHT
FUTURE
GOVERNMENT
GUINEA PIG

HERO
IMPLANTS
INJURED
LAB
LEE MAJORS
LEGS
MILITARY
NASA

REBUILT
ROBOT
ROMANCE
RUDY WELLS
RUN FASTER
SCIENTIFIC
SLOW MOTION
SPEED

STEVE AUSTIN
STRONGER
SUPERHUMAN
TECHNOLOGY
TENNIS
TEST PILOT
TREADMILL
VISION

Solution on page 170

The Twilight Zone

```
M Z J S E R I O U S B R S K S A M D I D
H J V C N G S G R I F S E N C Y M M W L
E G V I X O E L Z E E A O L S T O U S N
H Y S T E R I A H V Y O N T L N M C M F
V A C I M I R T E O C R E T S I A K D U
J N R L X R O N A O S R O T A R R A N Y
R T I O E J T C A C Y Y E R Y S S H B U
B H P P A S S B R F I R R E R V Y L T T
V O T T G N I L R E S D O R P O K G I I
Y L S W S N E I L A A O N Y E Y H S M L
N O I T A N I G A M I T C Y L J E M E D
Q G E X N Q B N R A Q I I E S N C A L K
R Y D M M S P T N J S E V V A K N C E D
F R A W R A E L C U N A C L E F E A S W
U S Q D R L A D M D R T P U U I I B S B
T O M A E R D E O T J G F U L C C R W U
U O B P O A M B E S T S N O I T S E U Q
R L L M E E T M D R I E W O S I H B X P
E A S B H V I H P E O P L E L O Y I F Q
Y I N T R T S U E C V U E E Y N H R T L
```

ALIENS
ANTHOLOGY
BIZARRE
CREATIVE
CREEPY
CULT HIT
DEATH
DREAM

EPISODES
EVENTS
FANTASY
FICTION
FUTURE
HORROR
HYSTERIA
IMAGINATION

JERRY SOHL
LONG RUNNING
MACABRE
MASKS
MONSTERS
MORAL
MYSTERY
NARRATOR

NUCLEAR WAR
PARABLE
PEOPLE
PLANES
POLITICS
QUESTIONS
ROD SERLING
SCARY
SCIENCE
SCRIPTS
SERIOUS
STORIES
SYNDICATION
TELEPLAY
THEME MUSIC
THRILLER
TIME TRAVEL
TIMELESS
WEIRD

Solution on page 170

Doctor Who

```
I J L S W K J W M M H C T Z L L Q R R K
G D K T I Q O Y E R F I L L A G G S P B
U P Q Z Y X N J U N O H O R B M T K K S
W A M Y S T E R I O U S E D O N N A H C
B C U G A O A M O N S T E R S O Q R F I
X Q W O T R J A U C S P B T S L Y O F E
V N Z N N C G U T A I I A I Y G H K I N
C V U S A H S T M I U N O C R L G H D T
B V K H F W U O X S M P U F E D E I R I
B X N S W O E N U S L E N A J H A R A S
C F I A I O Z S R A B I L P S N H E C T
R Y L P R D N X N A Q H O O O F L I E Z
Q E B T T E R E N G L A N D R L Q D L Y
S B T E I O T A E R U T N E V D A A D J
N T R L R S M D T J A O I S U G S G L H
U H A I S M A B U R L P W M E V R I T F
A F V O T V E D A L E K S N E D G R I K
X D E M R I O N E K M E E A M W A B Y T
H U L O W O S M B C E R R V E E A E J I
C X S Y N H U H H V C R K F U T U R E A
```

ADVENTURE
ALIENS
AUTONS
BBC
BLINK
BRIGADIER
BRITISH
CARDIFF
CYBERMEN
DALEKS
DAVROS
DONNA
EARTH
ENGLAND
FANTASY
FUTURE
GALLIFREY

JUDOON
LONDON
MASTER
MONSTERS
MORBIUS
MYSTERIOUS
PLANETS
POISON

RENEGADE
ROSE TYLER
SARAH JANE
SCIENTIST
SKARO
SONTARANS
SPACE
TARDIS

TIME LORDS
TIME WAR
TOM BAKER
TORCHWOOD
TRAVELS
UNICORN
WALES
ZYGONS

Solution on page 170

Sci-Fi Themes

```
L D A M O I M Z B O X X P B H R S T S I
S S N Y B F Y Z O R S Z C L O N E V C T
A R E T I P U J X Y S G R B A M E X I T
T E K C O R U H A C K E R W R N D R N I
U J E X P L O R E R S Z R O U R E E O C
R S E P U A E R R G X S F S B W E T Y N
N U S C N Z U V C A P A D O I Y N S R Y
W C I S K T S R A M R A L I T O C N C C
L U D S A C Y B E R P U N K O U X O O O
R G A E R U E T E R T Y P M L R L M C R
U M R Y V E I T D C T E R T M O E P C A
Y C A U A L I E L C Q E M U N T F T O D
H S P H L W V Y L R E P L I C A N T S I
G T E E U O Y E S C A F Z E T R R D M A
L N T A L R U K O A U A S Y P K E D O T
A A W V R R O L L T T E N O X A W M L I
S T E E A T O B U I S N E I L A T G O O
E U B N K G H R O I M I A M T A L H G N
R M U S Y Z E N U T P E N F V U R A Y X
Q S B G H L E F B D S E L N B W G V G Q
```

MILKY WAY
MONSTER
MOON
MUTANTS
NEPTUNE
PARADISE
PLANET
PLUTO
RADIATION
REPLICANTS
ROBOTS
ROCKET
SATELLITE
SATURN
SOLAR
TELEPATHY
TERRAFORM
TIME TRAVEL
UFO
URANUS
VENUS

ALIENS
ASTEROIDS
BIOPUNK
CLONE
COLONIZATION
COMET
COSMOLOGY
CREATURE

CRYONICS
CYBERPUNK
CYBORGS
EARTH
ECOLOGY
EVOLVE
EXPLORERS
FANTASY

FUTURE
GALAXY
HACKER
HEAVENS
JUPITER
LASER
MARS
MERCURY

Solution on page 170

The X-Files

```
D O I X F F Y E K O E H N D N C T H I F
X S R E T S N O M X F T M S R J Z R F P
V C S N E I L A Q C I M J R O R R O H M
A Q W R Y G T F O X M U L D E R F E F A
M Y E H R H L A M R O N A R A P N J B P
P R I D E T E C T I V E O N O O C D I C
I H R B T I L U W Q E X O E M W U O S R
R H D L S N N O B I R P S E K C L Z E I
E K E J Y G Z B Q S R L N C T W T N C M
G T A G M S E P E K A A F I A P T G R E
I F T D H L C I G X Z I O D A R K O E Q
R L H E I O S M O K I N G M A N Y V T S
S U O E R P S Z F N B E A P A G E E S E
R K V J O A E T U P U D E M O N S R D R
S E N T M A G G S E W L E Y R A C N P U
P M U X A H O I N W O N K N U E X M U T
O A Y Y N F Z Y C A R I P S N O C E H A
O N S G C M U R D E R W E V I D E N C E
K N U B E D A A C R S T N E G A Y T A R
Y R O E H T E C V S S J S S K E P T I C
```

ABDUCTION
AGENTS
ALIENS
AUTOPSIES
BELIEVE
BIZARRE
CANCER MAN
CARY ELWES
CIGARETTE
CONSPIRACY
CREATURES
CRIME
CULT
DARK
DEATH
DEBUNK
DEMONS
DETECTIVE
EVIDENCE
FBI
FLUKEMAN

FOX MULDER
GHOSTS
GOVERNMENT
HORROR
MONSTERS
MURDER
MYSTERY
PARANORMAL

PARTNER
PHENOMENA
ROMANCE
SCARY
SECRETS
SIGHTINGS
SKEPTIC
SMOKING MAN

SPOOKY
STRANGE
THEORY
UFO
UNEXPLAINED
UNKNOWN
VAMPIRE
WEIRD

Solution on page 170

CHAPTER 8: Animated TV

Animated Shows

```
Y O G I B E A R D A N G E R M O U S E A
O K O Y L E D O C I T I R C E H T R B J
Z C S J R J U S T I C E L E A G U E R E
S A E O N F L U X Y R R E J D N A M O T
N J N O O M R O L I A S R U W V S R C S
A I O L L I H E H T F O G N I K N O K O
T A T J N S P A C E G H O S T S I F E N
I R S N J O H N N Y B R A V O T E S T S
T U T I T S E U Q Y N N H O J A T N P L
N M N T H E B O O N D O C K S R S A O O
E A I A T O M I C B E T T Y H G N R W O
E S L R I G F F U P R E W O P U I T E N
T U F D O R A T H E E X P L O R E R R E
C G Y P M I T S D N A N E R M G E H H Y
X X A M E H T D R A G O N B A L L Z K T
K C O R E S U O H L O O H C S C T Z G U
M E G A S X L R J I M M Y N E U T R O N
R L D L O M W J O G N I D Y K S I R F E
B I L I N V A D E R Z I M B O P L E V S
S U P E R M A N I M A N I A C S B C D P
```

AEON FLUX
ANIMANIACS
ATOMIC BETTY
BEAVIS AND
  BUTTHEAD
CODE LYOKO
DANGERMOUSE

DORA THE
  EXPLORER
DRAGON BALL
FLINTSTONES
FRISKY DINGO
INVADER ZIM
JETSONS
JIMMY NEUTRON

JOHNNY BRAVO
JOHNNY QUEST
JUSTICE LEAGUE
KING OF THE HILL
LITTLE EINSTEINS
LOONEY TUNES
MEGAS XLR

POWERPUFF GIRLS
REN AND STIMPY
ROCKET POWER
RUGRATS
SAILOR MOON
SAMURAI JACK
SCHOOLHOUSE
  ROCK
SPACE GHOST
SUPERMAN
TEEN TITANS
THE BOONDOCKS
THE CRITIC
THE MAXX
TOM AND JERRY
TRANSFORMERS
YOGI BEAR

Solution on page 171

King of the Hill

```
Y B E T K F Y W K I W H M D J L Y G I E
T P H Y H W T U Y K Q Z U K A Y H M E Y
C H A W B X T L B A D N D M E Y B G D Y
F Y Y L Q B I P C R N B X J O L R H G U
H W N H L M O O I M P N A C I R E M A C
R S O R A E U B B R E U A H M O O B Z Y
E S F F E N Y Q G I G B A F L J W L R V
H U R X T D K S G G G Q I U R E T H R A
C B G R A N A H A W Y T S I D O H T E M
A U Y L I T B R I K H S X S A X E T D O
E R L G W O Y E U L I I L M D S N C N Z
T B U T R B W G V A L N I L N N R F E C
F B F S U C I D M S L M E I A Y E Q C Y
N J B S O R F U R Q A U L M F B H I K S
R N E M T Q E J D N A L K C I R T S R Y
C Y E R A C W E R D O O E L P G U O K F
B D R L H Q C K N C N C I S Y V O Q O B
Y I A I R O U I O P I R Y O M I S D Y F
P W L R X A X M L O O H C S P A N I S H
N D I L T T E N R A L L I W V J N C C P
```

ALLEY
AMERICAN
ARLEN
BEER
BILL
BOBBY
BOOMHAUER
CHILD
COLUMNIST
COMEDY
COUNTRY
CULTURE
DOG
DREW CAREY
DUNN
FAMILY
FOOTBALL

FRIENDS
GARY BUSEY
HANK HILL
HUMOR
LADYBIRD
LAURA DERN
LAWN
METHODIST

MIKE JUDGE
MO COLLINS
NEIGHBORS
PEGGY HILL
REDNECK
SALESMAN
SCHOOL
SOUTHERN

SPANISH
STRICKLAND
SUBURB
TEACHER
TEXAS
URETHRA
WIFE
WILL ARNETT

Solution on page 171

The Jetsons

```
S P R O C K E T S K Y F L Q B D S Z X L
J M F J A N E J E T S O N Y E D W H N T
L K A V B C F U T U R I S T I C R O F A
C N M R W G I P Y U A O X G E N H M D L
G C P A G V L K D R C L B F N O O S L K
L C O I C O Y I D O G S I O M I D S R H
O X T S T H L V U R N W W E T N L O O N
O T T H T O I O X W I X F N N M W B Q D
H R J E E P A N H L Y G O R T S A P I G
C S B A C F D G E Y L B H W I A K I H S
S M V I I H U Y K S F V P T E Q J U D Y
F O O H T T N T T I B R O Y R N E H R X
N D P V A Y N O U M R S P A C E L Y E Y
F E T F M C E E L R O Y J E T S O N T F
A R A C O R E A M O E S Y Z T E Z R H W
M N D M T O X M N T G K S P A C E A G E
I K E S U S R A T S R Y B A L B I N U E
L D M M A I L L I M D A E R T W R I A Q
Y N N U F E Q G H C O M P U T E R S D A
X O S J J F D H S T E G D A G F U C J U
```

AEROCAR
ALIENS
APARTMENT
ASTRO
AUTOMATIC
BOSS
COMEDY
COMPUTERS

DAILY LIFE
DAUGHTER
DOGS
ELROY JETSON
FAMILY
FLYING CARS
FUNNY
FUTURISTIC

GADGETS
HENRY ORBIT
HOLOGRAMS
HOME
JANE JETSON
JUDY
MACHINES
MODERN

MR SPACELY
ORBITY
RIGHT REORGE
ROBOT MAID
ROSIE
RUDI
SCHOOL
SIBLINGS
SKY
SPACE AGE
SPROCKETS
STARS
TECHNOLOGY
TEEN
THE FUTURE
TREADMILL
UNIBLAB
WIFE
WORK

Solution on page 171

Scooby-Doo

```
C A E U K E T K M Z S M R O Z D H R E J
E T X K Y H I S T I O U M Z J R R D B B
G U G U S T L A C H N O S D N E I R F A
R S V F M A L L C N N J O P G H V B V T
X G C Q F E M D I S J O R N E Z L I V E
R Y A O S Q W N T P F A A P H C L J G E
W S T S O H G E U O T D N D J L T I K N
V P R V L B R Q O O D Y P P A R C S W A
G K F X V S Y K S K Z R A I G N A G D G
Q C Y H E H E R S Y O R N V X M S V S E
Q T Q C A D V L A E A S T C L U E S E R
Y D E T N U A H Y N S G D E J N Y X E S
D U X A C N N R O T K I V I T U K N L N
W B L B I E L R V H S Y M U K F A M N A
K S S M M U M M Y G A R R N C D S O W C
I D I A V A L M U G M E I A T O E V O K
Z R Q S L R E I T O S D I A C T M I J S
C Y G G A H S H E O U E E I H S E E V K
N O W E R E W O L F G R Y E N H P A D S
D E Y R Y Z P G T Y G F O Y M N F V M Y
```

ADVENTURES
CASEY KASEM
CLUES
COMEDY
CRIMINALS
DANGER
DAPHNE
DISGUISE
DOGS
EVIL
FOOD
FRED
FRIENDS
FUN
GANG
GHOSTS
GOOFY
GREAT DANE
HAIRSTYLES
HAUNTED
HIDE
ISLAND
KIDS
MASKS
MONSTERS
MOVIE
MUMMY
PARANORMAL
RUNNING
SCARY
SCOOBY
SCRAPPY DOO
SHAGGY
SNACKS
SOLVE
SPOOKY
SUSPECTS
TALES
TEAM
TEENAGERS
UNMASK
VAN
VELMA
VILLAINS
WEREWOLF

Solution on page 171

South Park

```
K C H F X Y U S U P C Y Y L I M A F D Q
X N E G R M A T T S T O N E I L E W O T
R O M U H O K U F E T R L N K Q L G S R
R H G R X J S O I Y M A S O E N V N E D
L F O W G A U T I A Y O N R R K A F D X
V A T F T A M U Y H N N V M Z A D H U O
U A I I J F R C R C L M L I A I D S R G
L D R S X E U R J A R S M Q E R B O C M
R E N D R S T G I A G A D S V U S D I K
C E P A C E T W V S G L L N T Z G H S L
A Q L H M I V F E I O M U T E P P U P M
Y B O Y S T U O N E M N E V M I S D A C
V O B G K I R A R E K R A P Y E R T E H
L B V N S L T A R T S I S Q J Y T F U I
Y Y P I N I G Y C H N E K O T B N Z B L
K M T G O B O J Q C C O M M U N I T Y D
D G M N W A T B H I I L C S M Y V W S R
A K M I D S F E O H Y R A T N E M E L E
Z M I S T I F V C M T R E L I G I O N N
I E F Z Y D O R A P B U S Y F N A O K A
```

MOVIE
MR GARRISON
MR HANKEY
PARODY
PUPPET
RELIGION
SATIRE
SCHOOL
SINGING
SNOW
STAN MARSH
TIMMY
TOKEN
TOWELIE
TREY PARKER
TWEEK
VOICES
VULGAR

BOYS
BUTTERS
CHEF
CHILDREN
COLORADO
COMMUNITY
CONTROVERSIAL
CRUDE

CUTOUTS
DIES
DISABILITIES
ELEMENTARY
ERIC CARTMAN
FAMILY
FRIENDS
FROSTY

HUMOR
IMAGINATION
ISAAC HAYES
JESUS
KENNY
KIDS
KYLE
MATT STONE

Solution on page 171

Family Guy

```
W Q S O V S H T S O B R D R Y E I P A E
F G Y C R P H S I R I G Y L I M A F N J
Y G R S O X T E Z O E C B N Q C W A J O
E P N W V R S W A N S O N B Y W I M J K
P N E Q E U M M K E R O M U H D B E L E
E E H Q R X G A Q B B O V N L O O H C S
T R E N W D R D N A L S I E D O H R N F
E D K V E A I A N I F F I R G G E M A Z
R L I L I U F N N I F I L F U E P H P
G I M M G Q F S E I H I Z I B I O Q S V
R H V O H C I O R I E R E P O R T E R N
I C P R T C N G X Y G T Y D E M O C O F
F Q D T Y T S K C A B H S A L F M Y N T
F G V G G I B R I A N A B R Y P T V A T
I O Y O O C U K E G T C B O O W U O I M
N H H L A U G H W T I T P G R B C I P U
W A Z D A D U L T S W I M B R S K C S S
O U D M S A M D L K S E T H G R E E N I
T Q U A G M I R E R H T P L U R R S S C
M I Y N N U F H B T M O F S P R F Y T X
```

ADAM WEST
ADULT SWIM
BABY
BEER
BONNIE
BORSTEIN
BRIAN
CHILDREN
COMEDY
DIANE
FAMILY
FLASHBACKS
FOX
FUNNY
GRIFFINS
HUMOR
IRISH
JOKES

LAUGH
LOIS GRIFFIN
MAYOR
MEG GRIFFIN
MIKE HENRY
MORT GOLDMAN
MUSIC
NEIGHBORS

OVERWEIGHT
PARODY
PETER GRIFFIN
PEWTERSCHMIDT
PIANO
PTV
QUAGMIRE
QUAHOG

REPORTER
RHODE ISLAND
SCHOOL
SETH GREEN
SWANSON
TOM TUCKER
TOWN
VOICES

Solution on page 171

Futurama

```
V Z T E S E N E I L A T T A C K F N A P
B D M S X E A E R E T T A M K R A D D L
G T I M E T R A V E L V R R F G M N V C
N E W X E W R O M U H U E U I G I A E R
E C S X N B Y A L C L K T N S N L V N D
I H T B J E T L T S L U N N S E Y C T U
J N L F N N R V L E R A P E E E O V U Y
N O U U E D N D W I R S S L R M S S R V
W L D N W E P K S B B R A H P A C P E U
Q O A N W R N T P R E G E U X T I I S G
Y G R Y O A I P R V N R T S E T E H N R
M Y O R R C A A I A M E O T T G N S A O
Y R B F L Z M N R E R L G N E R T E I Z
K D O I D A U U S R A J R A N O I C N R
Z F T K L S T C P I Z Z A T A E S A O R
Y H S L P N O L U C L A C U L N T P L Q
M U I R A N A H P R O K R M P I Z S B A
A H O T R E B O R M F R O Z E N X F B D
P S D A E H D D Z O I D B E R G B B I U
S E D D E G J I G G O I E F O W L A N X
```

MATT GROENING
MUTANTS
NERDS
NEW WORLD
NEW YORK
NIBBLONIANS
ORPHANARIUM
PHIL LAMARR
PIZZA
PLANET EXPRESS
ROBERTO
ROBOTS
SCIENTIST
SLURM
SPACESHIP
TECHNOLOGY
TIME TRAVEL
TURANGA LEELA
UNIVERSE
ZAPP BRANNIGAN
ZOIDBERG

ADULT SWIM
ADVENTURES
ALIENESE
AMY
ATTACK
BENDER
BILLY WEST
CALCULON

CARGO
COMPUTER
DARK MATTER
EXTRATER-
RESTRIAL
FAMILY
FRANK WELKER
FROZEN

FUNNY
FUTURISTIC
GEDDES
HEADS
HERMES CONRAD
HUMOR
JARS
KIF

Solution on page 172

The Flintstones

```
P E B B L E S D N H N P N T T B I N L E
V Y S A I M S I K X Y K B O J S T B J W
U B L A B D U W H N I P W I V E S C S K
M R A H N Y M E I D K N P D O E E R H M
L A M E M R P M S L E K C O R Y L L O H
E F I M S F G U F Q M E Z E H T B S U X
G R N L A A H P S Y U A R N V T B T S S
F H A K T P E P S S G A I N E E U O E P
N T O V H N P A C T R E R X A B R N W V
E B F F E E T R A D V W H R T L T Y I T
I M S R S N E E T I N A R G Y R A C F V
G M K S A E R C R S R O C K S X R U E X
H A O F N G O D R D M A L L E G O R Y C
B B L G S M D U R L O C K E D O U T K T
O M E V E S A O P R E H I S T O R I C J
R M W D R S C R R Z E G A E N O T S O H
S A Y D O K T O O F E R A B U G D E R F
K B V N F E Y T E I C O S D R I B O D U
Y L I M A F L O D G E T S C A V E M E N
Y D N O U X B L J A I L G N I L W O B T
```

ALAN REED
ALLEGORY
ANIMALS
BABY PUSS
BAMM BAMM
BAREFOOT
BEDROCK
BETTY
BIRDS
BOSS
BOWLING
CARY GRANITE
CAVEMEN
COMEDY
DINOSAURS
DRIVE IN
FAMILY
FANTASY
FEET
FRED
FRIENDS

GREAT GAZOO
HOLLYROCK
HOPPY
HOUSEWIFE
JOB
KIDS
LOCKED OUT
LODGE

MR SLATE
NEIGHBORS
PEBBLES
PREHISTORIC
PTERODACTYL
QUARRY
ROCKS
RUBBLES

SCREEN GEMS
SOCIETY
STONE AGE
STONY CURTIS
TEX HARDROCK
TOWN
WILMA
WIVES

Solution on page 172

Cartoon Characters

```
P U Y P O P E Y E F A T A L B E R T R O
O N O A L L J P R E C A R D E E P S D O
R D G L I O I B U G S B U N N Y T C H G
K E I V V R O N K U D F U N E T N O D A
Y R B I E T K O U R E E U W W H A O A M
P D E N O S P M I S T R A B B E M B K R
I O A L Y A M B U O D R U E O G O Y C M
G G R F L Y Y O Y A E E S T B R W D U A
D I U A F T M O O H K T E T E I R O D S
D Y K O E Y C R T P C S L Y G N E O Y E
U T O E T E D N L S U E B R N C D G S T
F G W H E E A U G M D V B U O H N U I I
R T G L R P T D C G D L E B P V O M A M
E I I O K O A P G K L Y P B S M W B D E
M W Y N O S P M I S A S I L Y W F Y R S
L E I B Q V X C M I N N I E M O U S E O
E P O B E T T Y B O O P K J S N O O P Y
Y O R X H K T N M L D C A R T M A N S P
B A T M A N E L K N I W L L U B C N A U
E W O K O F J N A M R E P U S E A Z C T
```

MR MAGOO
OLIVE OYL
PEBBLES
PINK PANTHER
PLUTO
POPEYE
PORKY PIG
ROAD RUNNER
SCOOBY DOO
SNOOPY
SPEED RACER
SPONGEBOB
SUPERMAN
SYLVESTER
THE GRINCH
TWEETY BIRD
UNDERDOG
WILE E COYOTE
WONDER WOMAN
YOGI BEAR
YOSEMITE SAM

ALVIN
ASTRO
BART SIMPSON
BATMAN
BETTY BOOP
BETTY RUBBLE
BOO BOO
BUGS BUNNY

BULLWINKLE
CARTMAN
CASPER
DAFFY DUCK
DAISY DUCK
DONALD DUCK
EEYORE
ELMER FUDD

FAT ALBERT
GOOFY
GUMBY
LINUS
LISA SIMPSON
MICKEY MOUSE
MIGHTY MOUSE
MINNIE MOUSE

Solution on page 172

SpongeBob SquarePants

```
S S D P V P U K N B P V Q Y N N J U J Y
X E L D E E N A E S D I K P V G X B V X
S A Y I G P I N E A P P L E C Y B T A M
H S A D V Z C Y D R A W D I U Q S S R O
H P O D H G K A R A T E X A S J Y T N Q
U O N X S R E S T A U R A N T L R A E P
F N D M U P L J D K G N M I O Y R R A L
R G Q O V L O O R T B P D E M A D F S I
B E N A I J D N O W A M P E E I J I E A
S Q L I H E E O G H R M R K R A B S O N
L W B T V R O L B E C E B K S W X H H S
I U Y E T I N X L O B S E O D N A L S I
R F C C Q A R J O Y A U K X E D P T L K
C E Y P D H E D B K F T C V T L K S E M
F T T M C O J S S X R I I K A Z R A R R
X L R A A M V G T A Y L S N A E A I R S
M D E P R O C K E U C N K H G J H L I P
B B X E P I C E R Y O T N R J F S O U U
X E O Z S U P O T C O O U U M E U R Q F
Y Y N M L A G O O N K B Y J F F P N S F
```

BEACH
BOATING
BURGERS
CRAB
CUSTOMERS
DRIVING
EVIL
FOOD
FRY COOK
FUNNY
GARY
ISLAND
JELLYFISH
KARATE
KIDS
LAGOON
LARRY
LOBSTER
MOAI
MR KRABS

MRS PUFF
NICKELODEON
OCTOPUS
PEARL
PINEAPPLE
PIRATE
PLANKTON
RECIPE

RESTAURANT
ROCK
SAILOR
SCHOOL
SEA NEEDLE
SEA SPONGE
SEATTLE
SHARK

SHOES
SNAIL
SPONGEBUCK
SQUIDWARD
SQUIRREL
STARFISH
TEXAS
UNDERWATER

Solution on page 172

Beavis and Butthead

```
X O I U E U Z S H P J S K A M N S B A M
I O H B A T H R O O M E C S D D D M J K
G W N U G U Y S E K O J H O N I O O V W
Y G O N E I G H B O R D G Y R H E A A X
I Z O G J L A I R A D E L T C E R A L B
Z P T H S D N E I R F N Y U O O I M F T
Z D R O G K K I L V D F O A M I F N I N
D U A L N C W Y B B O C G U L U D P L M
V O C E I L H G U R U S H Z V S A I M Q
M L V D H S E I R E S O H C A N S M R Z
J V C O G T C I C B X C R R G W F A C F
C M I L U R T F T K O I V T M I D R R S
O O M O A A W U M B S Y Z A L K U G V C
A F Q D L W S N B M U D S D N D I S I O
L B R A C E S N A H W I N G E R O C K O
O K M U M T N Y O D V C U Y L G U D H L
O G A E K S P C Z A H T Y S G Q E S F I
H V H R V C O M E D Y L Y D Q J A Q W G
C C F X R W I B V V S S W Z N D Z D W P
S P P B B X M S Q G W X E L P K W Q Y B
```

BATHROOM	COMEDY	FIRE	IDIOT
BEAVIS	COOL	FRIENDS	JOKES
BOYS	COUCH	FUNNY	LAUGHING
BRACES	CRASS	GIRLS	LAZY
BUNGHOLE	CRUDE	GURUS	LOUD
BUTTHEAD	DARIA	GUYS	MCDICKER
CARTOON	DIRTY	HOODLUM	MTV
CHICKS	DUMB	HUMOR	NACHOS
			NEIGHBOR
			ROCK
			SCHEMES
			SCHOOL
			SCORE
			SERIES
			SICK
			SLAYER
			STEWART
			TROUBLE
			UGLY
			VIOLENCE
			WINGER

Solution on page 172

The Simpsons

```
F I E E C E J E U V O B P P S B D J O B
I F H Y L S E S X W E O Y D L M V P A K
X M U G G I W G L O N S N O S L E N O R
E C O D G T S P S F R L M N M R P K R U
N W K G F C E A M I L H O U S E T Y I S
N G A P K O O H O O W W T O R R H N Q T
H M N Y H M C H G G B P Q A O C N M B Y
L O I I K Q H W X A M B W U T U G B D O
R K M C Z P I H L R T J B A C R I E J L
E A A E M I L L B Q B L R L A M M Z O O
H V T G R A D U Y Z E C E N E O R V D O
T Q E S Y B R N R M S A D M C N E O W H
O O D R T N E G A B R P G Q I J H K R C
M T M E S S N K E H A C N P O T T O Y S
Z M S D W E E E Q P C R I Y V C A M D M
B D R N A R L U L Y P R N K Z D F A O Y
I Y X A X R I M G H A C E E I V O M R M
J M J L L R C Y A C G X O M Y L I M A F
K U Z F K P S M I T H E R S V H X K P Z
M U D Y T X H Y A I V Z G U S W V H U A
```

ANIMATED
APU
BARNEY
CHILDREN
COMEDY
DUFF
FAMILY
FATHER
FLANDERS
GRANDPA
GROENING
GUEST STAR
HOMER
ITCHY
KRUSTY
LENNY
LISA

LOVEJOY
MAGGIE
MARGE
MERCHANDIZING
MILHOUSE
MOTHER
MOVIE
MR BURNS

NELSON
NUCLEAR
OTTO
PARODY
QUIRKY
RALPH
SCHOOL
SCRATCHY

SELMA
SITCOM
SMITHERS
SNOWBALL
TROUBLEMAKER
VOICE ACTORS
WIGGUM
WOOHOO

Solution on page 172

Dora the Explorer

```
V E V A X T D X C M C L G V W R E M B A
W F J Q M O L A A G U U O H P A J U C Y
U L N X V R A P W Q T R T E Q Q W S A Z
Y P C E M N S L T S E R O F A M I L Y I
S X P U F O G Y P P A H K I B C P O K V
T B P F E G N J I V L C X E U C S E R V
A B A Y B G O W E Y K E S Q E D J K L D
Y G V U P I S L E Z S I H P L Z K W X S
D F M W D N I C K J R G P S A G Y P I I
S A Q U O R N O J P E N G U I N Q A Z F
X T V S S Y A S J N B U M O Z N I P A P
Y H S P G I G W D I M F F A Q Z G S S D
N E Y T I O C T O P U S K I D S L I H I
L R K A R J I G U A N A N I T A L E N E
U P J N L O U U C Z D O R A B O O T S G
P E X L O V P K O Z S D R U S Y O T O O
W M K V A M C S C V T S L Q S P N I C C
P V O I A W Y T U O C L Q D F C M N C I
W P I M S Y P T A S I A S C F L U T E T
M R I B U C B W K H P C T Q N H D V R B
```

MUSIC
NICK JR
NOGGIN
NUMBERS
OCTOPUS
PAPI
PENGUIN
PLAY
PUZZLES
RESCUE
SINGING
SOCCER
SONGS
SPANISH
SPORTS
STARS
SWIPER
TICO
TOYS
TRAVEL

ABUELA   FATHER   IGUANA
BENNY   FLUTE   ISA
BOOTS   FOREST   KIDS
BULL   FUN   LATINA
CUTE   GIRL   LESSONS
DIEGO   HAPPY   MAMI
DORA   HELP   MAPS
FAMILY   HILL   MONKEY

Solution on page 173

CHAPTER 9: Sports on TV

Wide World of Sports

```
X L F J H P V G G N I L R U C A C X A D
A L W G N I C N E F E Y O D M W J W N X
J A C O N D I I O L A C R O S S E D P C
G B C L I L G M L L A B T F O S N J M L
C D H F D N Z M O A R C H E R Y W Y J H
A N O R I Z P I P B B O W L I N G G I E
S A U G U W N W X T O O U C Z S A O M D
R H G L P G R S L O X D A R T S Y L M I
Q O J O M J B E N O I T I T E P M O C V
J Y S O N H A Y S F N D L G I A J H K I
T O H P I Y C I H T G D D L M N X T A N
V W O T N Y O H A N L E K A A Y G N Y G
Y R O T C I V F O L L I R H T B T A P N
R H T L E T L P D R A D N E H L E H Y I
N U I S W U G E A E N I I G L V K S R K
K N N S J N Q E V A F R Z Z E R C A A I
G U G N I O N O M A A E O B T G I U B B
C Q B P I O K U R V J R A Y I L R Q U C
S B W J O N H S U C S I D T C N C S Q H
N B G R W Q G N I L I A S O C C E R C X
```

ABC
AGONY OF DEFEAT
ANTHOLOGY
ARCHERY
ATHLETIC
BASEBALL
BIKING
BOATING
BOWLING
BOXING
COMPETITION
CRICKET
CROQUET
CURLING
CYCLING
DARTS
DISCUS
DIVING
FENCING
FOOTBALL
GOLF

HANDBALL
HUMAN DRAMA
HURDLING
JAI ALAI
JAVELIN
JIM MCKAY
JOGGING
LACROSSE

PING PONG
POLO
POOL
ROONE ARLEDGE
RUGBY
RUNNING
SAILING
SHOOTING

SOCCER
SOFTBALL
SQUASH
SWIMMING
THRILL OF
    VICTORY
VARIETY
WRESTLING

Solution on page 173

Summary Olympics

Summer Olympics

```
G T Q S U Y U F S I U O L T S N D C W K
S A R C H E R Y W G S Q O L U O E S G W
Z O B C B O X I N G F M N K A Y A K N X
N V F K C S O I L S E T D H T B U B I A
C N E T O L W T I E R J O K H X E K L X
J C N C B O B L I I G T N V E F N S I M
M V C R R A V L A N B N O T N I M D A B
K E I N O E L T I O G L B I S L L F S B
R A N A R D H L S M L M G L W O O J L E
S Y G I Y L T I B E T E E A G E H T A I
E J U D O S R D Y R L H T S B A K O L J
X D D N E A T B A E S E V Y N R C Y O I
O Y C R P B A M P C R G G D D O O X M N
O F W I E L P L I P E N B N D M T N Z G
Z I R X L O H T O S I A W E A E S G Z M
Y M A L L F E L V M L V N Y T S I T I E
Q Q C I D L O N M L B A R C E L O N A J
J Z N P H A D I V I N G D A T N A L T A
H E U T S G W R Q N O U P E O N A C V L
S H A S T S U K H C P S R X M K K K Q L
```

PARIS
ROME
ROWING
SAILING
SEOUL
SHOOTING
SILVER
SLALOM
SOCCER
SOFTBALL
ST LOUIS
STOCKHOLM
SWIMMING
SYDNEY
TRAMPOLINE
TRIATHLON
VOLLEYBALL
WATER POLO
WRESTLING

ARCHERY   BMX   GOLD
ATHENS   BOXING   HANDBALL
ATHLETICS   BRONZE   HELSINKI
ATLANTA   CANOE   JUDO
BADMINTON   CEREMONIES   KAYAK
BARCELONA   DIVING   LONDON
BASEBALL   FENCING   LOS ANGELES
BEIJING   FLAGS   MEDALS

Solution on page 173

Gymnastics

```
V M R Q S T R A I G H T U M B L I N G O
Y T N E M E L E Z C T W U A G R D H R S
H U R D L E T S I W T R A B H G I H O Q
R J U D G E S T E L R A R A B E S Q U E
P J G R W P A L E E R V D K P R M C T D
J C I S F G D S V U A E R I A L O P I B
Z P K G G D S O E U O S G B E A U H N O
A N C B A C K F L I P R N K L Y N E E X
V S I R U L Y T F L I E I G G O T U C K
N M T J A A J V I G V L R P N U Q V A L
S S S W A E S T D E X C P Q I T A Q Y U
Q J Q A P X L L N I L R S G R D P D P E
K W A E P E A U U E W I D X S F N A L L
F Z H D A C N A Q N K C N L X F E O L A
S E U P R U O S V K G G A W A L I B I C
F I T I A T I R D L E E H W T R A C K S
H W P V T I T E U A K L K A B O I F S R
G K W O U O P M H H N Z C A Z O M P D J
H M A T S N O O I C J S C O R I N G S F
S R O S S I C S R E T T O P S R P G H Z
```

AERIAL
APPARATUS
ARABESQUE
BACK FLIP
CABRIOLE
CARTWHEEL
CAT LEAP
CHALK
DISMOUNT
ELEMENT
EXECUTION
GRIP
HANDSPRING
HIGH BAR
HURDLE
JUDGES
LAYOUT
LEG CIRCLE
LUNGE

MAT
OPTIONALS
PIROUETTES
PIVOT
RELEASE
RING LEAP
ROUTINE
SCALE

SCISSORS
SCORING
SKILL
SOMERSAULT
SPIRAL
SPLIT LEAP
SPOTTERS
STICK

STRADDLE
STRAIGHT
TUCK
TUMBLING
TWIST
UNEVEN BARS
VAULT
WALKOVER

Solution on page 174

Super Bowl

```
Y S P M I L B A D C A M P A I G N S A K
T K W P S W T L G C I D R A B M O L E U
I B R Y T O C F A D V E R T I S I N G Y
R E N N A B D E L G N A P S R A T S M D
U M O T D D P M W I X D T Y O A C C N W
C A I G I U I A T R O P H Y A D N U S B
E G T Y U B H C L K S L E A D O U T W J
S E I T M F S I C L L A B T O O F N N V
G R T S H J N N O I P M A H C D L R O W
N P E A H C O T R F V C I V R U A T I H
I A P N A T I O N A L A N T H E M S S D
T E M Y M U P S E H C A O C N G E A I Y
A U O D U D M H Y G G O P N N A B C V P
R S C V S L A I C R E M M O C R O D E O
L I Q N I L H R O M A N N U M E R A L S
Q N L X C G C H H Q E A A V U V D O E T
D G E M I T F L A H M X P N H O R R T G
U E E M A G G I B L N M E O F C A B D A
O R N E N I E L S E N V Q X C L W G C M
Z S Y E S R E J M C F O U F F O X Q F E
```

AD CAMPAIGNS	COACHES	LEAD OUT	NIELSEN
ADVERTISING	COMMERCIALS	LOMBARDI	POSTGAME
AFC	COMPETITION	MACINTOSH	PREGAME
BIG GAME	COVERAGE	MUSICIANS	RATINGS
BLIMPS	DYNASTY	MVP	ROMAN NUMERALS
BROADCAST	FOOTBALL	NATIONAL	SECURITY
BUD BOWL	HALFTIME	ANTHEM	SINGERS
CHAMPIONSHIP	JERSEYS	NFL	STADIUM
			STAR SPANGLED
			BANNER
			SUNDAY
			TELEVISION
			TROPHY
			VENUE
			WARDROBE
			MALFUNCTION
			WORLD CHAMPION

Solution on page 174

College Teams

```
L D M E B R U I N S P R E T S C F X T B
Z X D A D J C A C R A I D E R S A E X O
N C E G H I L E J I N T I W S G I N C W
V E G L S A T B M B G G W K X O J Y Y L
E G Y E R Z W V S R G N W X Q D C B E S
C S P S A X I K R A S A U I U L N O Q Y
L E N N G Q B I E S H N Z J O L B B F O
G H O A U J R I V Y N E A N W U I C P B
A S S T O I R T A P E O E T C B U A L W
C T U R C T K J E B T S R K I T N T O O
S E T A R I P L B Y K M E U A T D S B C
W K V P E Q T I F L O Y M R H O N I O G
J C S S N O C L A F E S H E D A R L S V
J O L R T M H O O S I E R S J K G U B B
S R E E I A Q O R P E S R O T A G T A E
N D B N T W C E K L W C R D T C S E D U
E C E O E U K D S I Y T U E R A M S G Y
J R R O W A L B L G E C H W D Z N L E L
S Z O S U H F S E I K S U H T I G E R S
H E J Q I R N A A S W W A R R I O R S T
```

AGGIES
AZTECS
BADGERS
BEAVERS
BOBCATS
BRUINS
BUCKEYES
BULLDOGS
COLGATE
COUGARS
COWBOYS
CYCLONES
DUCKS
EAGLES
FALCONS
GATORS
HAWKEYES
HOKIES
HOOSIERS
HURONS
HUSKIES

JAYHAWKS
LOBOS
MINERS
OWLS
PANTHERS
PATRIOTS
PIRATES
QUAKERS

RAIDERS
RAMS
REBELS
ROCKETS
SENATORS
SOONERS
SPARTANS
TARHEELS

TERPS
TIGERS
TITANS
TROJANS
TULSA
UTES
WARRIORS
WILDCATS

Solution on page 174

Basketball Words

```
V G O M W E U H T I P O F F B P W H K G
H F H S S N D E N B S D S C Z L Z Q W C
B D F N I N N B P L I D R A W R O F A X
P A A F U P O D A G T E K S A B E C L U
W F O O R U C I N O T X M H H B S C K B
Y R B M N N C I T E O U X I H C N E B G
M E I D G I T N M U N I R U T N E U D H
R F B B F O L I Y A T J Q N A R F Y X J
W E I F O D R B M F P I S Z O M E V E N
B R O H Q E R G O E H P T A G V D V T R
I E S S P J I A L U K A H S N M E T O W
C E C I S B A G O N N E R G B B K R C O
H V J W S F R O U B O C E D R U I U S P
K X A S I B F D K A E I E P W B S O A F
E Y S Z D F M O Z R R R P Q E O H C M T
L E S F E A N S Y C E D O M Y R O C V C
H S I N L H F S O A Y T I C A F O D A I
F R S S I T R A V E L I N G S H P O S T
T E T C N T C P K J G P T E Y S C K A Y
J J Z N E H H M Y W N E E R C S M M T Z
```

OVERTIME
PASS
PERIMETER
PLAYOFFS
POST
REBOUND
REFEREE
SCOREBOARD
SCREEN
SHOOTING
SIDELINE
SLAM DUNK
SUBSTITUTIONS
SWISH
THREE POINT
TIMEKEEPER
TIPOFF
TRAVELING
TURNOVER
UNIFORM
WALK

ASSIST
BASKET
BENCH
BIG MAN
BLOCK
BOUNCE
CENTER
CHAMPION

COACH
COURT
DEFENSE
FANS
FORWARD
GUARD
HARDWOOD
HOOP

INBOUND
JERSEY
KEY
MASCOT
NBA
NET
OFFENSE
OFFICIALS

Solution on page 174

Winter Olympics

```
H O N O T E L E K S N J B K X N Y S C O
X I N O M A H C T C V O V E J A R A S O
M P X Z S N U O M U B O R P T P A L G O
L S T M O R I T Z S R O J W P A R C N E
C P E G B N X T L O D I L G A J E H I C
U N O S F D J E P B R O N Z E Y M O T H
R X N W G N I P M U J I K S G A M W A E
L N A I I G A C W P D S A P U L A B K E
I X G T H S J C A R K I F E L B H I S N
N Z A Z P N G R A L V L E E D E E A E L
G L N E O F H O E A P V W D A R L T R E
Y N O R O F B S L Z G E I S S T L H U H
J K D L R W P S B J B R K K L V I L G Q
Q I S A O E O C O I A Y I A S I L O I J
C O N N K G A O N O C I K T L L K N F F
Y C S D U L W U E L N E N I P L A E Z F
E K I Y G A Z N R G C N I N R E I D K U
C A N A D A L T G I F E A G O L D M E M
F T R I K A I R T S U A D K Z Y A Y Q M
L Y H O C K E Y E L L A V W A U Q S N E
```

ALBERTVILLE
ALPINE
AUSTRIA
BIATHLON
BOBSLEIGH
BRONZE
CALGARY
CANADA
CHAMONIX
CROSS COUNTRY
CURLING
FIGURE SKATING
FRANCE
GOLD
GRENOBLE
HOCKEY
ICE
INNSBRUCK
ITALY

JAPAN
LAKE PLACID
LILLEHAMMER
LUGE
MEDALS
NAGANO
NORDIC
NORWAY

OSLO
SALCHOW
SALT LAKE CITY
SAPPORO
SARAJEVO
SILVER
SKELETON
SKI JUMPING

SKIING
SNOWBOARDING
SPEED SKATING
SQUAW VALLEY
ST MORITZ
SWITZERLAND
TURIN
YUGOSLAVIA

Solution on page 174

Hockey

```
I A T T Z V R V D K Z J E Y K Z T E R G
V V X D R G T I X S K S T I C K R U E U
K S R R E B O U N D L K M Q N J V G K B
Q G B R F S H R T K B A C K H A N D C L
A N X Q E E S Y D S V T P C K I Y S O J
Y Z B B R V Y P Q I C E B S S Y F R L A
K J T M E O T B O L E Q E S H A H E B J
S E B O E P L R J W N H A P C O V K R U
L F Q V Z B A E D W E P O E I A T C E J
A A H F Z G N A B I S R G W S W A A A S
M D B T C L E K O X T U P F E V X T K G
G W A K H N P A A T A O H L Y I E T O P
E F R N E P Y W R R N U K S A W C A U U
P B T M A U M A D O L C N R U Y L I T Z
I R N U S C H Y S D E F L E C T I O N Z
M U A B S K H U N H Y T U O E M I T O G
B E V H I K K I C Y C P E N U K S N P T
F N C H S H O O T O U T D N E F E D O I
Y G F V T W J E W P P E F M A S Q Z A E
H H M U F Q R K C I R T T A H J R O Y P
```

ASSIST	CHECK	HAT TRICK	PUCK
ATTACKERS	DEFEND	ICING	REBOUND
BACKHAND	DEFLECTION	NET	REFEREE
BLOCKER	FACE GUARD	NHL	RINK
BOARDS	GOALTENDER	PADS	SAVE
BREAK OUT	GORDIE HOWE	PASSING	SHOOTOUT
BREAKAWAY	GRETZKY	PENALTY SHOT	SKATE
CANADA	HART TROPHY	POWER PLAY	SLAP SHOT
			STANLEY CUP
			STICK
			TIME OUT
			ZONES

Solution on page 174

Baseball Players

```
G S C G N O M E L B O B R E B A F D E R
N N Z M J O R G E P O S A D A R N E I T
U O I E N O S N A P A C U E S L H R Z H
O Y U L P X P N Y U X U D D A M G E R G
Y L G O L O W C H T U K D K M L U K K M
Y D L T Q I L A S O N G W H R G A J C A
C E G T A T H L D Y J E T C I D V E O X
T T Q A R O T C A E A Y K R C R O T R C
Y E N E R N B O S L B M D F E O M E B A
C W A H E Y E M M T K O L N F G B R U R
O R D W B P S E I S R A G R A E N R O E
B O N K I E T H K X E U L G A R J Y L Y
B N A C G R B I E N S A C I S C O P W J
A S R A O E U L M F E V V C N L H U E I
B A E Z Y Z A C U K F H H E R E N H R M
E N O O B N A D S I E I M G R M W L A R
R T J E D W A L S H Y E E O C E A Y C I
U O T Y O H E T I A W T F L T N R C D C
T O N Y G W Y N N Z L F F E D S D G O E
H A S O S Y M M A S I L L I W C I V R Z
```

AL KALINE
AL LOPEZ
ALEX RODRIGUEZ
BABE RUTH
BOB LEMON
CAP ANSON
CARL MAYS
CURT SCHILLING
CY YOUNG
DAN BOONE
DEREK JETER
ED WALSH

GARY SHEFFIELD	MAX CAREY	RON SANTO	TONY GWYNN
GREG MADDUX	MEL OTT	SAM RICE	TONY PEREZ
JEFF KENT	MIKE MUSSINA	SAMMY SOSA	TY COBB
JIM RICE	MO VAUGHN	TED LYONS	VIC WILLIS
JOE RANDA	RANDY JOHNSON	TERRY PUHL	WADE BOGGS
JOHN WARD	RED FABER	TIM KEEFE	WAITE HOYT
JORGE POSADA	ROD CAREW	TOM HENKE	YOGI BERRA
LOU BROCK	ROGER CLEMENS	TOM SEAVER	ZACK WHEAT

Solution on page 175

Golf

```
L I K W C F T P E M V H E C I R Q Q A T
M A T J H X Z N E Y E G O B H O C F X E
A U H A P I R G S Q L M F D R A Z A H X
S A L L A B F L O G P G A L L E R Y A U
T S F L X L E F T O M K I T E H B G V R
E A C S I E P I X L I S R E T T U P E J
R M N A I G G T V F D W W P P I N A L A
S S N N G Z A K W C H O A C E Y K U G U
P N R D L P K N S A M F Y C N S E U I S
O E A T T P Q U N R F Y G O B K R G M N
K A Y R Y B N D Y T O Z J U N F N R M C
Q D F A A A I A D I Y I L R E L G A E K
D L L P M C Q R V D X C N S P A A S V M
K O O H A X I S D M I E I E O G U S L C
K H Y P T V P A N I I V R G S H L E L J
T I D W E G C G U F E W O H U I N R M H
F I F R U V Y D O A M Z N T C Y R N U Z
C R S E R Q W A R D E G D E W T S Y U G
S R S C M C Q T E E H B V V J S W U B Z
G N G L Q L V T X T I A M K N F Z D N L
```

ACE
AMATEUR
BIRDIE
BOGEY
BUNKER
CADDY
CHARGE
CLUBS

COURSE
DIMPLE
DIVOT
DRAW
DRIVERS
DUNK
EAGLE
ERNIE ELS

FADE
FAIRWAY
FLAG
GALLERY
GIMME
GOLF BALL
GOLF CART
GRASS

GRIP
HANDICAP
HAZARD
HOOK
IRON
MASTERS
MULLIGAN
PGA
PIN
PUTTERS
RAY FLOYD
ROUND
SAM SNEAD
SAND TRAP
SENIORS
SLICE
TEE
TOM KITE
US OPEN
WEDGE
WHIFF

Solution on page 175

Pro Teams

```
G P S S Y S R J L O N S N U S L L I B Y
G I P O R K I V O O C A S K T Z S T E M
D A Y S C U C O V K E L R Q L S P B U X
I N P E E N C S R P L A E V O R U K C S
S Z J A M X O J Z U H L G Z C O R M T B
R B Z H N B U R B S V G N L Z C S N R A
E O A A S T A C B O B R A C A K A A P U
K Y C W J F H S E L O I R O C I V P F C
A L K K C H W E B A D Z P U G E I A Q D
L D I S E W F H R U G Z D T S S S C G W
Z F N D C T P K I S C L H W T R L E H W
V C G F O I S T C T N I E O E E W R K V
U X S V W D T I Z E E E N S J D O S N O
Y K I R B L G L Y K J S I M A I U A I X
Q S N W O R B E E A L R O D M A G I C A
W R L K Y T Q C R C N E X X A R H U K C
U E Y A S L P Q C S N K H O R N E T S Q
Q G R H Y H R A J G V C E J S R A E B P
T I B L Y O S L R I L A Z E H I T C Y J
Y T E G L D R S F J D P B N S R E L I O
```

BEARS
BILLS
BOBCATS
BRAVES
BRONCOS
BROWNS
BULLS
CANADIENS
CELTICS
COLTS
COWBOYS
CUBS
DODGERS
DUCKS
EAGLES
GIANTS
GRIZZLIES
HEAT
HORNETS
JAZZ
JETS

KINGS
KNICKS
LAKERS
MAGIC
METS
OILERS
ORIOLES
PACERS

PACKERS
PANTHERS
PISTONS
RAIDERS
RANGERS
RAPTORS
ROCKETS
ROCKIES

ROYALS
SEAHAWKS
SHARKS
SPURS
SUNS
TIGERS
WHITE SOX
YANKEES

Solution on page 175

March Madness

```
O P N P I Z G D N U O R G B Q R R A H P
G T S B I G D A N C E M K D U E D R W Q
O G Z W H H P I B H F O O O P P E E K C
V D Y Q E Y V Q S M Q S F O T F F Y N C
I P W T C E I Y U N L L R J E K E A G N
C N H I R P T N K A A T Y R K P A L F O
T I Y S W S D S M N E F E T C C T P F I
O G I Q N E W D I R A E J E A O W F O T
R T K I R C U F S X M S L A R A I D R A
Y K I D Q N G J R H T E A M B C P N E N
T T O T K E Q N E E B E S S E H X A G I
S G O K L R O V D R L D E P W Q P B I M
A N Z U I E C H A M P I O N S H I P O I
N I Y J R F Q T E S W O T N G A M E N L
Y R H T I N I X L J L H R E E C R P A E
D E P B D O A O R S B A S K E T B A L L
C G O T N C O M E L S G N I R I A P S M
M A R Y W H Q T E A Q O I W C I G I B V
D W T O C S A M H N N W R A P A Z H W D
Z I R S Z E A A C N T L V F C O U R T S
```

BASKETBALL
BIG DANCE
BRACKET
CELEBRATION
CHAMPIONSHIP
CHEERLEADERS
COACH
CONFERENCES

COURTS
DEFEAT
DYNASTY
ELIMINATION
ELITE EIGHT
FANS
FINAL FOUR
GAME

MASCOT
NCAA
NET
OFFICE POOLS
PAIRINGS
PEP BAND
PLAYER
REFEREE

REGIONALS
REPORTERS
ROUND
SCHOOLS
SEED
SLAM DUNK
SWEET SIXTEEN
TEAMS
TITLE
TOURNAMENT
TROPHY
UNDERDOG
UNIVERSITY
VICTORY
WAGERING

Solution on page 175

Baseball Words

```
C Z X S C T Q R R G E N A N U S O F S P
U J B D G P H A C B R O R R E X O Y D A
T U U A K C G H P R I A F L K U R C D C
U T H N S Y E M R N P D R E L I E F J X
O D G D M E Y P S J M C W S I N G L E H
D H P E R Y S G I S U A T P T N U B K F
S H I P R T U L F B Q A S E C U L A H S
X E V T A N S O I F Q U R C M K O I V P
G F O R S P S V E D L A E E O L Z G D T
T L T Q Q X W E L D E Y Y E H T E R U M
V S E S G K I H P U M R A W Z C L H Y D
H Q G E R D R M I T T P L U E E T T L A
Z S Y N V U V A R F P O P C O R N I F G
A S F Y D P Q D T A F B O B B L E O P H
N W U F H C Z H J N E A T Q B A T B O Y
T X W V X B R E M S C F L H S R T D P W
S O Z I L O B H A H T D A Z J W N T F R
Q L Y Y W Q P F B C E M E S R U N N E R
Y V M K G K K T W P Z Y T V O L C M V R
U R B I K L Z S G N I W S M A S H O G Z
```

BASES
BATBOY
BATTER
BOBBLE
BUNT
CENTER
CHEER
COACH
DUGOUT
ERROR
FAIR
FANS
FOUL
GLOVE
HELMET
HITS
MASCOT

MITT
MOUND
MVP
PITCHER
PIVOT
PLAYERS
POP FLY
POPCORN

RBI
RELIEF
RUNNER
SAFE
SINGLE
SLIDER
SMASH
SQUEEZE

STARTS
STEAL
SWING
THROW
TRIPLE
UMPIRE
WARM UP
WHIFF

Solution on page 175

Tennis

```
O Q U H J I T C L A Y N O V G J R R G Y
T R H H S V Y E L L O V S V C U N R M L
U Y C R I E Q L K Q R Y O B L L A B V S
H Y A E N O E S R C E G D U B N O D A D
W L O V G Y Y K P E A J T B D N E R U W
V P R O L A N D G A R R O S L U A O S Q
W U P E E M C X D U E E L A C F S P T H
S W P G S P I N B V C A D E F D L S R R
F E A N J R A A E A M A G E R Z E H A E
M I P A R H S S O N N E F A F L K O L V
S F H H K E I O H L G E C R B R M T I A
M J W C L R K H E A B D P U U E E L A L
A I A I H A H A T T L A O O V T D G N D
S B N C M R F N E I R D C R S N O U O O
H E A Y S A A S W R M U E K E U Y C P R
I C I U R V U K Y J B S O L C G A M E U
T K T G D K L F L F R E N C H O P E N D
Y E F A M F T P J O A A I A D O U N Q R
L U N Z M P U C S I V A D T T I K R B Q
K A N O D E L B M I W E T F E S M D T O
```

ACE
ADVANTAGE
ALLEY
APPROACH
AUSTRALIAN
  OPEN
BACK COURT
BACKHAND

BALL BOY
BASELINE
CHANGEOVER
CHRIS EVERT
CLAY
DAVIS CUP
DECOTURF
DEUCE

DON BUDGE
DOUBLES
DROP SHOT
FAULT
FRENCH OPEN
GAME
GRAND SLAM
ITF

IVAN LENDL
LET
LOVE
MATCH
MIDCOURT
NET
RACKET
RAFAEL NADAL
ROD LAVER
ROGER FEDERER
ROLAND GARROS
SERVE
SINGLES
SMASH
SPIN
STAN SMITH
TIE BREAKER
US OPEN
VOLLEY
WILD CARDS
WIMBLEDON

Solution on page 175

Football

```
S T A D I U M K J Z J V C C O I N C N I
H R I R G R E K X D R A O B E R O C S H
O F F E N S E I C T N U P R I G H T S K
T U Q L O C C H A L F B A C K S D J C
G P W B I R U K E N B I U Y D O A D H O
U O B M S I W I T I N R X W P P O N D N
N S G U S M A N F T V K E L I U W O R V
T C E F E M B G E M S E A T G D W H F E
O K N S S A S R I T N O R F R N U G I R
U B O A S G C T E I G A L E S A Y E R S
C U B F O E J V L T H U W X J M U M S I
H U H E P P E D T F T B O E U E N Q T O
D I S T F W R O S I R F N I N N I J D N
O O I Y A A R Y E E J O A K I I F F O M
W O W L Y G Y E E L Z U W V O L O Z W M
N J S G Q R R S N D O M O I R M R L N M
A H L M A A I R N G J P A N S E M O C K
Z M Z F O S C E A O H S U P E R B O W L
D E F E N S E J B A L L G P A S S I N G
T A C K L E N I L L A O G R U N N I N G
```

BALL
BRETT FAVRE
CONVERSION
DEFENSE
DOUG FLUTIE
DOWNS
DREW BREES
END ZONE
FIELD GOAL
FIRST DOWN
FUMBLE
GALE SAYERS
GOAL LINE
GOAL POSTS
GRASS
HALFBACK
INTERCEPTION
JERRY RICE
JERSEY
JUNIOR SEAU
KICKING

LINEMAN
NFL
OFFENSE
PADS
PASSING
POSSESSION
PUNT
QUARTERBACK

RECEIVER
RUNNING
SAFETY
SCOREBOARD
SCRIMMAGE
SHOTGUN
SNAP
STADIUM

STEVE WALSH
SUPER BOWL
TACKLE
TOUCHDOWN
UNIFORM
UPRIGHTS
WISHBONE
YARD LINE

Solution on page 176

NASCAR

```
E G O R L C E N R S C O G W V E U L B G
Z P S F J X R R S J S P E E D W A Y A B
A G S X D P Q U W E N G I N E V P R B B
Z R A C K C O T S Z P I T R O A D H W B
B O P L E E P E T T Y P C U C F Z T K S
J S S K F G L M M H Y T T E P E L Y K P
Z N E G M W N O K E I D C L L I P H C A
X O N R G O O B P P C A H I A H U G A Q
M P O D W I T L P E R H B V P C C U R V
X S J N D C R O L W E O A H S W T O T U
H J J A L N U T R E M R J N M E N R V Z
C S P T E A B Z T O Y E S G I R I O T K
O N S S I S D J T O F X A H G C R B E Q
U I P D F C R U P F C L V P K E P R M X
O E D N N A A Y G M F S S Y V F S A L C
D G S A I R W R E N C H R I G K C Y E R
L A Z R R I E L E U F U R S E R I T H T
Y R S G U E R E O J D D C H A S S I S W
V A C H N O R F N D T I U C R I C L Z W
E G D O D G C H S O H S R F Q U S C P G
```

AIR WRENCH
AUTOMOBILE
CAR CAM
CHASSIS
CIRCUIT
COURSE
CREW CHIEF
DASH

DODGE
DRAG
DRIVER
ENGINE
FUEL
GARAGE
GRANDSTAND
GREEN FLAG

HELMET
INFIELD
JEFF GREEN
KYLE PETTY
LAPS
LEE PETTY
MECHANIC
MOTOR

NASCAR
OVAL
PACE CAR
PASS
PIT CREW
PIT ROAD
PJ JONES
POLE
RADIO
RICKY RUDD
SCOTT RIGGS
SPEEDWAY
SPONSOR
SPRINT CUP
STOCK CAR
TIRES
TRACK
TURN
WARD BURTON
YARBOROUGH
YELLOW FLAG

Solution on page 176

CHAPTER 10: **TV Through the Years**

1960s TV

```
E T I L L E T A S T S E T O R P N Y C K
D G U N S M O K E M B O B D Y L A N Y A
R N A V I L L U S D E T B R E Z H N E V
A S E R C A N E E R G S T A R T R E K O
G R K E U Q O L L O P A Z N A N O B H N
N A K T N O S A M Y R R E P F O O K L R
E W D I I G C H E T H U N T L E Y C W M
T M A H X A S N O S E E R H T Y M A L B
H A N W O S M A I L L I W Y D N A J O T
E N N D N A L S I S N A G I L L I G S S
M T Y N Z J W A L T E R C R O N K I T E
U E K A F B O M C H A L E S N A V Y I W
N I A K S E N O T S T N I L F F F E N D
S V Y C I S U M K L O F T F B N L L S L
T H E A V E N G E R S A F E O J I L P I
E J U L I E A N D R E W S K E R P A A W
R L L B N G I J O E Y B I S H O P V C D
S P E E D R A C E R T R A M S T E G E L
B A T M A N K X W S E I P P I H R I J I
U C P A S S W O R D E H C T I W E B B W
```

ANDY WILLIAMS
APOLLO
BATMAN
BEWITCHED
BIG VALLEY
BLACK AND WHITE
BOB DYLAN
BONANZA
BREZHNEV
CHET HUNTLEY
DANNY KAYE
DRAGNET
ED SULLIVAN
FLINTSTONES
FLIPPER
FOLK MUSIC
GET SMART
GILLIGANS ISLAND
GREEN ACRES
GUNSMOKE
HIPPIES

JACK BENNY
JFK
JOEY BISHOP
JULIE ANDREWS
LBJ
LOST IN SPACE
MCHALES NAVY
MR NOVAK

MY THREE SONS
NIXON
PASSWORD
PERRY MASON
PROFILES IN
COURAGE
PROTESTS
SATELLITE

SPEED RACER
STAR TREK
THE AVENGERS
THE MUNSTERS
VIETNAM WAR
WALTER
CRONKITE
WILD WILD WEST

Solution on page 176

1970s TV

```
O U B F D U K E S O F H A Z Z A R D B Y
S P I H C B A R N E Y M I L L E R A R J
S E L I F D R O F K C O R W T O T E O G
L S N O S R E F F E J E H T F T L H O H
E M I T A T A Y A D E N O D L L N O A F
G H Y A W S E L P P A K L E A D D R L A
N C W O X I N N A M K A S G E T T W I N
A N A B D I S C O C R T T N I T W I C T
S U L E W Q X W A E A H V M O P X X E A
E B T V E B C B G R G E E H D A L L A S
I Y O O R I E L G I R S A T T E R A B Y
L D N L N M S A N F O R D A N D S O N I
R A S O O A L L I N T H E F A M I L Y S
A R I C P A R T R I D G E F A M I L Y L
H B L A C K S H E E P S Q U A D R O N A
C E I T A N N I C N I C N I P R K W K N
W H I N C R E D I B L E H U L K S W O D
H C G T Y N A P M O C S E E R H T O J D
A R E T R A C Y M M I J M O D S Q U A D
Y C N I U Q L I T T L E H O U S E R K P
```

ALICE
ALL IN THE FAMILY
APPLES WAY
BARETTA
BARNEY MILLER
BATTLESTAR
    GALACTICA
BIONIC WOMAN

BLACK SHEEP
    SQUADRON
BRADY BUNCH
CHARLIES
    ANGELS
CHIPS
DALLAS
DISCO

DUKES OF HAZ-
    ZARD
FANTASY ISLAND
GERALD FORD
GOOD TIMES
HART TO HART
INCREDIBLE HULK
JIMMY CARTER

JOHN DENVER
KOJAK
LITTLE HOUSE
LOVE BOAT
MANNIX
MOD SQUAD
NIGHT GALLERY
ONE DAY AT A TIME
PARTRIDGE FAMILY
QUINCY
ROCKFORD FILES
SANFORD AND SON
SOAP
TAXI
THE JEFFERSONS
THREES COMPANY
WALTONS
WELCOME BACK
    KOTTER
WKRP IN CINCINNATI

Solution on page 176

1980s TV

```
C F A M I L Y T I E S R A E B E R A C M
H A Z W R R E V Y G C A M D Y N A S T Y
E W B L E N N A E S O R I P T I D E P T
E A V L E S E U L B T E E R T S L L I H
R G T H E W O N D E R Y E A R S C S V L
S N I A P G N I W O R G M N M A O T L R
N I G H T C O U R T L F I U N L S E R E
T H E F A L L G U Y V C R A O C B L I V
T T T H E F A C T S O F L I F E Y S G E
H E C I V I M A I M S F O B H H S E Y F
A M U R D E R S H E W R O T E T H W E E
R O N A L D R E A G A N Y A V F O H L C
T S E R C N O C L A F B N M H O W E L N
T Y N S L R I G N E D L O G K D E R A A
O T P U N K Y B R E W S T E R A D E V D
H R W M L A G W V M O O R D A E H X A M
A I R W O L F A P R E D I R T H G I N K
R H D U K E S O F H A Z Z A R D U W J C
T T Y G N I T H G I L N O O M D A U O V
M A E T A E H T R A N S F O R M E R S D
```

AIRWOLF
ALF
CABLE
CARE BEARS
CHEERS
CNN
COSBY SHOW
DANCE FEVER
DUKES OF HAZZARD
DYNASTY
FALCON CREST
FAMILY TIES
GOLDEN GIRLS
GROWING PAINS
HART TO HART
HBO
HEAD OF THE CLASS
HILL STREET BLUES
KNIGHT RIDER
MACGYVER
MAX HEADROOM

MIAMI VICE
MOONLIGHTING
MURDER SHE
  WROTE
NIGHT COURT
PUNKY BREWSTER
RIPTIDE
RONALD REAGAN

ROSEANNE
SAVED BY THE
  BELL
SMURFS
ST ELSEWHERE
THE A TEAM
THE FACTS
  OF LIFE

THE FALL GUY
THE WONDER
  YEARS
THIRTYSOME-
  THING
TRANSFORMERS
VALLEY GIRL
VCR

Solution on page 177

1990s TV

```
M T S E N Y T P M E Y T H E N A N N Y J
N O R T H E R N E X P O S U R E D I T F
R U I T T H R O L O C G N I V I L N I S
U C O N G T H E P R E T E N D E R E C L
G H I P H O P S R A E Y R E D N O W N I
R E G N A R S A X E T R E K L A W I I D
A D I A G N O S I S M U R D E R S E P E
T B A N I R B A S E L I F X E H T X S R
S Y W F R A S I E R O S E A N N E R A S
S A V E D B Y T H E B E L L V O E Z I Q
T N E M E V O R P M I E M O H T M L L A
V A F I N F O T A I N M E N T N Y L O L
S N D Y E V I F F O Y T R A P I O A R L
O G O O S E B U M P S S M R C L B B M Y
W E Q J N E U L B D P Y N H Z C L N O M
E L X Q U A N T U M L E A P G H C O O C
I N T E R N E T W I N P E A K S N G N B
R W I N G S G S M E L R O S E P L A C E
D P S C A I N A M I N A N N I U Q R D A
R B F D L E F N I E S D N E I R F D Y L
```

NYPD BLUE
PARTY OF FIVE
QUANTUM LEAP
ROSEANNE
RUGRATS
SABRINA
SAILOR MOON
SAVED BY THE BELL
SEINFELD
SLIDERS
SO WEIRD
SPIN CITY
THE NANNY
THE PRETENDER
THE X FILES
TOUCHED BY
   AN ANGEL
TWIN PEAKS
WALKER TEXAS
   RANGER
WINGS
WONDER YEARS

ALLY MCBEAL
ANIMANIACS
BOY MEETS
   WORLD
CLINTON
DIAGNOSIS
   MURDER
DR QUINN

DRAGONBALL Z
EMPTY NEST
FAMILY MATTERS
FRASIER
FRIENDS
GOOSEBUMPS
HIP HOP

HOME
   IMPROVEMENT
IN LIVING COLOR
INFOTAINMENT
INTERNET
MELROSE PLACE
NORTHERN
   EXPOSURE

Solution on page 177

2000s TV

```
Q G T R W J E C I T C A R P E H T F C E
K I N G O F Q U E E N S R O S W E L L S
E L E M E K I L D A E D F U T U R A M A
E M M C H A R M E D N A B D A O R B P I
R O P S G N I W T S E W O H C I R E J L
C R O H E L Y Q U E E R A S F O L K U A
S E L A Q T T H O G E O R G E L O P E Z
N G E R F J I S R A M A C I N O R E V D
O I V K K Y C O W R D T E R I W E H T A
S R E X T R E M E M A K E O V E R M Y R
W L D H I G H D E F I N I T I O N S T K
A S D V G I T H E S O P R A N O S N I A
D U E N Z E D I R Y M P M I P Y R A L N
I R T O M E N I N T R E E S G Z E T A G
G V S M S R A E P S Y E N T I R B I E E
I I E E S I X F E E T U N D E R A T R L
T V R N F K E L L Y C L A R K S O N E S
A O R I B H S O J D N A E K A R D E Z Q
L R A M E R I C A N I D O L P X K E I U
V F L E M S Q H H C T A W D R I H T P U
```

ALIAS
AMERICAN IDOL
ARRESTED
  DEVELOPMENT
BRITNEY SPEARS
BROADBAND
CHARMED
DARK ANGEL
DAWSONS CREEK
DEAD LIKE ME
DIGITAL
DRAKE AND JOSH
EMINEM
EXTREME
  MAKEOVER
FUTURAMA

GEORGE LOPEZ
GEORGE W BUSH
GILMORE GIRLS
HIGH DEFINITION
JERICHO
KELLY CLARKSON
KING OF QUEENS
MEN IN TREES

PIMP MY RIDE
QUEER AS FOLK
REALITY TV
REBA
ROSWELL
SEX AND THE CITY
SHARK
SIX FEET UNDER

SURVIVOR
TEEN TITANS
THE PRACTICE
THE SOPRANOS
THE WIRE
THIRD WATCH
VERONICA MARS
WEST WING

Solution on page 177

Western Life, Past and Present

```
X N P V X B T L V O D W U O W Z Z T U G
Z M X J E A N S P U R S O S T H Z I A W
I W Z D J E H J E R K Y A Y O S E D M W
K G I L X I N X L W X D K P S F O A R Y
E K A Z N A N O B P D N A N K G O E E X
R E G N A R E N O L U L O C I R V Y I Y
M T L C O Q P N E B O O I E A I J E N J
S O C A D U D Z T N L R S W R Z J K S T
A Y K N F E N C G A E E H D D Z D S E I
R O H Y R N A C S V H I I N P L Z I C A
F C R O P T A D A J D B E N I Y I H N Z
U I S N T S L M W E C O O L A A B W E C
C A P L S F Y A E O E D O R W D R K F K
P Q E I O T D X R L O A K B A A O R X F
U O D E S Y G R B I F D V R A M R F E W
H Y S U N T A B E P A I T O S S E B J T
Q E D S I L O C V H E T R N O S T E T S
U L X F A E L L R E T E U C O X T B Q Q
K X Z F L L D J L O H G H O R S E S W X
V A I E P O R R F J G W Z S A E W U K G
```

LONE RANGER
MAVERICK
PISTOL
PLAINS
PONDEROSA
RAWHIDE
REINS
RIFLEMAN
ROAM
RODEO
ROPE
SADDLE
SALOONS
SHEEP
SPURS
STETSON
TERRAIN
WHISKEY
WILD WILD WEST

BONANZA
BRAWL
BRONCO
BUNK
CANYON
CATTLE
CORRAL
COYOTE

DANIEL BOONE
DEADWOOD
DOGIES
DRIVE
DUSTY
FENCES
GRIZZLY ADAMS
GUNSMOKE

HERD
HOPALONG
CASSIDY
HORSES
JEANS
JERKY
LARIAT
LASSO

Solution on page 177

Game Shows, Past and Present

```
P O B V O R S P F S L I P A S S W O R D
T W E N T Y O N E S R E L L O R H G I H
H H F T N Y M D E A L O R N O D E A L B
E D G K Y E E M A G G N I T A D E H T M
B E N I T O W G B E A T T H E C L O C K
A M S E R A U Q S D O O W Y L L O H O E
C A W W S S X B B N W J Y J O M F D N M
H G O D A D I D E C D L O L B U F L C A
E D H T U R T E H T L L E T O T O I E G
L E S E G A D F C C Y T Q O Q P R W N H
O W G I R C F R A I S O G N H Y T S T C
R Y N T C P O F O M R N U Q J R U R R T
R L O N H O Q Y A E I P E R C A N E A A
Q W G V Z T T K D L S L E Q L M E K T M
U E K D K R E S Y R Q O Y H X I Q O I G
E N U T T A H T E M A N L F T D F J O S
H G U O D C A T C I T P P N E N Y E N U
L O V E C O N N E C T I O N I U X H P C
P C A R D S H A R K S H B E H W D T B S
J L P G V D F J Y W D Q F W J G B U O G
```

BEAT THE CLOCK

CARD SHARKS

CONCENTRATION

DEAL OR NO DEAL

FAMILY FEUD

GONG SHOW

HIGH ROLLERS

HOLLYWOOD SQUARES

JEOPARDY

LETS MAKE A DEAL

LINGO

LOVE CONNECTION

MATCH GAME

NAME THAT TUNE

NEWLYWED GAME

PASSWORD

PYRAMID

THE BACHELOR

THE DATING GAME

THE JOKERS WILD

THE PRICE IS RIGHT

TIC TAC DOUGH

TO TELL THE TRUTH

TOP CARD

TWENTY ONE

WHEEL OF FORTUNE

WIN LOSE OR DRAW

YOU BET YOUR LIFE

Solution on page 177

CHAPTER 11: **TV Stars**

Actresses

```
N O D R O G H T U R E K A B Y H T A K F
E N A K L O R A C B A R B A R A B A I N
D H O P E L A N G E R T R U D E B E R G
I N R U H T R A E C I R T A E B Y A S N
E O D M T Y N E D A L Y U R B C E P T U
F T D I Y A T I G R A H O N R A N Z I O
A E R C C R A N I S T O N V A N N E E Y
L L O H C B O S T M M S H A M E A Z A A
C P F A E A T S T R B E T L E G J L L T
O A N E T F T E E J C Y O E S R S U L T
E T A L I E A L W A Y A O R S E H C E E
V S S L H T Y G A N N H B I I B E I Y R
E F L E W T W N I E A N Y E N E L L S O
A D E A Y E E O C C L E E H G C L L E L
R O B R T N N R I U E L L A Q I E E L H
D D A N T A A A R R D E R R R D Y B A E
E M S E E N J H T T A H I P E N L A W A
N F I D B V B S A I N W H E T A O L A T
E T T E U Q R A P N A B S R H C N L R O
N S A L L Y F I E L D Y Y M D V G Z D N
```

ANISTON
ARQUETTE
BARBARA BAIN
BEATRICE
  ARTHUR
BETTY WHITE
CANDICE BERGEN
CAROL KANE

DANA DELANY
DEBRA MESSING
EDIE FALCO
EVE ARDEN
GERTRUDE BERG
HARGITAY
HEATON
HELEN HAYES

HOPE LANGE
ISABEL SANFORD
JANE CURTIN
JANE WYATT
JANNEY
KATHY BAKER
KIRSTIE ALLEY
LORETTA YOUNG

LUCILLE BALL
MARY TYLER MOORE
MICHAEL LEARNED
NANETTE FABRAY
PATRICIA WETTIG
ROSEANNE ARNOLD
RUTH GORDON
SALLY FIELD
SELA WARD
SHARON GLESS
SHELLEY LONG
SHIRLEY BOOTH
STAPLETON
TYNE DALY
VALERIE HARPER

Solution on page 178

Actors

```
P E T E R F A L K O N A M O R Y A R D D
G U I L L A U M E S U T H E R L A N D S
C R O B E R T Y O U N G R E N S A D W A
B O J S G U V P S D L O N Y E R T R U B
S B U S D D E N N I S F R A N Z E Z E K
R E D A P S S E M A J I C C B M X T C R
E R D M H E G K L J C D E N M G N E Y A
V T H O Q H E A A K I N O A U A L B S Y
L B I H W H V C Y S R S R O R L L L I M
I L R T N A K G G Y T G P U E S P R L O
S A S Y S B E N B R Y E D S R G A A L N
L K C N E R Q L E E K Y D N A V K C I D
I E H N V H E B S S M A D A N O D A W B
H W N A G I L L U M D R A H C I R L E U
P Y I D R A E R I N I F L O D N A G C R
F S U B K K Q J A C K K L U G M A N U R
T Q A C L A L L J A M E S G A R N E R E
O G A L A N A L D A Y B S O C L L I B H
W J O H N L I T H G O W P A T I N K I N
N O S N A D D E T O N Y R A N D A L L W
```

ALAN ALDA
ASNER
BILL COSBY
BRUCE WILLIS
BURT REYNOLDS
CARL BETZ
DANNY THOMAS
DENNIS FRANZ
DICK VAN DYKE
DON ADAMS
GABRIEL BYRNE
GANDOLFINI
GUILLAUME
JACK ALBERTSON
JACK BENNY

JACK KLUGMAN
JAMES GARNER
JAMES SPADER
JIMMY DURANTE
JOHN LITHGOW
JUDD HIRSCH
KELSEY
   GRAMMER

PATINKIN
PETER FALK
PHIL SILVERS
RAY ROMANO
RAYMOND BURR
RICHARD
   MULLIGAN
RICKY GERVAIS

ROBERT BLAKE
ROBERT YOUNG
SAVALAS
SELLECK
SID CAESAR
SUTHERLAND
TED DANSON
TONY RANDALL

Solution on page 178

The Ed Sullivan Show

```
K C O M E D I A N S T S E U G S R D S J
R S P L A U G H T E R E L V I S U I T D
B S E C N A M R O F R E P S I N G I N G
S E R I A N A D R O J G E P J D H O S T
U E A T H G I N Y A D N U S U B A N D S
O D S E L T A E B T O T W V L P M N G W
M S I U C B S E N T E R T A I N M E N T
A U N I O R I E S L K H R R E I E W W S
F L G Y U M L G U M E B C I A T R Y O I
S L E Q I A N O S D C I R E N R S O R U
I I R Q T I G A O H S F D T D A T R B Q
W V S W L T M O I U O C S Y R M E K S O
E A E L R V R I M L D W R S E N I C E L
L N O E S S O R A N A I D H W A N I M I
Y R B C I R C U S A C T S O S E O T A R
R O I G I G O P O T J W I W M D B Y J T
R O C K S T A R S K S T E V E A L L E N
E H O U N D D O G N V A U D E V I L L E
J A C K P A A R E C N E I D U A V H W V
P E S P C F N E D Q O O H V D W E Q Q V
```

AUDIENCE
BANDS
BEATLES
BIG SHOW
CBS
CIRCUS ACTS
COMEDIANS
DEAN MARTIN

DIANA ROSS
ED SULLIVAN
ELVIS
ENTERTAINMENT
FAMOUS
GUESTS
HAMMERSTEIN
HOST

HOUND DOG
ITALIAN MOUSE
JACK PAAR
JAMES BROWN
JERRY LEWIS
JORDANAIRES
JULIE ANDREWS
LAUGHTER

LIVE
MUSIC
NEW TALENT
NEW YORK CITY
OPERA SINGERS
PERFORMANCES
PUPPET
ROBERT GOULET
ROCK STARS
ROLLING STONES
SINGING
STEVE ALLEN
SUIT
SUNDAY NIGHT
THE DOORS
TOPO GIGIO
VARIETY SHOW
VAUDEVILLE
VENTRILOQUIST

Solution on page 178

Johnny Carson

```
T K Y N A V Y G X U R N J G H Q S E X R
R E U G O L O N O M N E W Y O R K J A Z
V S L C P H C A L I F O R N I A D C N U
O A E E Q K A E R B G I B N Y U B K I Z
I C J K V C O M E D I A N H R N U G L L
K W L R O I N L C R K C Z O E A R N R C
I O W A V J S A G M K A S J T W B I A A
L H G P M J M I M R D Q Z S I M A W C R
T S D C R T O D O C S E V E R I N S E N
V D A R A A M A T N V G R R E T K F G A
I L J E H L A N N O J E G E M Y P L R C
M S P D C K H P W R N S K E E N B O O B
I B J S H S A O K I I I W E N I F G E G
G T Y K E H I A A C T V G E T T Q R G P
R S S E T O U T D N A B E H T P M U T S
A E T L X W R Y F N I J T R T S E U G C
D Y O T D E C S K E T C H E S S P I U Q
W X T O T S A C D A O R B Y D W H O S T
G N I N R O C E K S E L E G N A S O L J
S W E I V R E T N I K O I D A R W O W N
```

BIG BREAK
BROADCAST
BURBANK
CALIFORNIA
CARNAC
CHARM
COMEDIAN
CORNING

DESK
DOC SEVERINSEN
ED MCMAHON
ENTERTAINER
GEORGE CARLIN
GOLF SWING
GUEST
HEEEERES JOHNNY

HOST
INTERVIEWS
IOWA
JACK PAAR
JOAN RIVERS
JOKES
LOS ANGELES
MONOLOGUE

NAVY
NBC
NEW YORK
OMAHA
QUIPS
RED SKELTON
RETIREMENT
SHOWCASE

SKETCHES
STUMP THE BAND
TALK SHOW
TELEVISION
TINY TIM
TONIGHT SHOW
WIT
WOW RADIO

Solution on page 178

The Mary Tyler Moore Show

```
I A B R K Y O K W J E D A S N E R H M K
R E H T A E W S L O U G R A N T T F O W
L E S R K N A D C G G E X B V T M J W Y
L T T I N A M O W R E E R A C E T D U P
Y P F I L M R H U M O R N C R G E E A K
D T H R R O M A R Y R I C H A R D S F R
A X D Y I W P Y D W G O O E N O K K C O
L U C O L E E A S E I D M L C E N S R W
D N G C Y L N P E H A T E O H G I S Q O
N D N E I G I D Y N E Z D R O N G O W M
A A I O T N L S S T N Q Y E R O H B U E
L T K M I I D W N T G I M T M I T R Y N
X I O S O S H E B L E A M T A T R F T S
T N O S I O I W P F L D M E N A E B V D
F G C R E G R V Y E K W B R Y T P O W K
Q K W Q H N B S E T N O I A O S O D N U
X S I B E S N T W L T D W N X V R Q M M
F F O F O F F I C E E E E P T T T X N T
C R T A P A R T M E N T B N R E E D W Y
S E L K C U H C O P Y W R I T E R R T P
```

ANCHORMAN

APARTMENT

BACHELORETTE

BETTY WHITE

BOSS

CAREER WOMAN

CHUCKLES

COMEDY

COOKING

COPYWRITER

DATING

DESKS

ED ASNER

FRIENDS

GEORGETTE

GEORGIA ENGEL

HAT

HUMOR

INDEPENDENT

LANDLADY

LOU GRANT

MARY RICHARDS

MINNEAPOLIS

MINNESOTA

MURRAY

NEIGHBORS

NEWSROOM

OFFICE

PHYLLIS

REPORTER

RHODA

SINGLE WOMAN

TED BAXTER

TED KNIGHT

TELEVISION

TV STATION

TYPEWRITER

WEATHER

WINTER

WJM TV

WOMEN

WORK

Solution on page 178

The Andy Griffith Show

```
J E E N A N D Y T A Y L O R E D J M Q Y
K N K U W W B A R N E Y F I F E Y O W P
D O N K N O T T S I Y Q N S S I V O A X
N H U W K L T L H L Z R K L O P Y N L V
E P R I G E H L E O I V T A I O P S W F
I E D R F O E I L R E A Z N D L M H Q O
R L N E H D L X D A M F J I U E U I R P
F E W B O H M F O C M U V M T O R N M O
L T O O U O A F N H E S H I S S C E Z R
R Q T O S W L I L T T U H R U P N R R C
I G P G E A O R E R T W L C L O E S Q H
G S R N K R U E O O D A L N I H L Q Y G
O X D I E D Y H N N R A A T S S E S D I
M K L H E S D S A U R C A D E R H J E E
E H S S P P D K R A I T L Q D E F L P L
R C C I E R C L D R S E C E E B T N U A
P S L F R A N C E S B A V I E R C T T R
Y A I C L G N M A R O N H O W A R D Y N
L Y J B A U A G U N K Y R R E B Y A M G
E I B L L E B P M A C S I T O A V K O P
```

AMERICAN
ANDY TAYLOR
AUNT BEE
BARBERSHOP
BARNEY FIFE
BLACK AND WHITE
CLARA
COUNTRY
CRIMINALS
DEPUTY
DESILU STUDIOS
DON KNOTTS
EMMETT
FISHING
FLOYD
FRANCES BAVIER
GAS STATION
GIRLFRIEND
GOMER PYLE

GOOBER
GUN
HELEN CRUMP
HOUSEKEEPER
HOWARD
SPRAGUE
JAIL
LAW

MAYBERRY
MOONSHINERS
NORTH CAROLINA
OPIE
OTIS CAMPBELL
PORCH
RALEIGH
RON HOWARD

RURAL
SHELDON
LEONARD
SHERIFF
SMALL TOWN
TELEPHONE
THELMA LOU
TOWN DRUNK

Solution on page 178

Bob Newhart

```
K L Y A G M N A P D A E D U X R U S T G
C S T B D F S D S B A X P W R E O N N E
H I N U X R T B Y S C P O S H M O O E K
U U J T M M A F C D T H O N T M G W L G
B I M T D F K W H R S R Y O R A I Q L P
M Y M O I F S O O K T O A E C T G E E D
B C Z N R E Y M L H A Y V I Y S I T K W
D Q A D T B X A O D P F H E G N E Y R D
V L X O K M T D G M F C L Z A H T D E L
E C A W T T O N I G H T S H O W T Q D W
M A O N A N Z G S C R I P W V P E M N K
I T P M T Q E K T A K E D H S E H M A N
L R B I E G B R H Y T L R C T C S U V N
Y E S N O D B N E S Y J O C A I E S E A
G T Z D L Y I T F V C E F U N F L A U R
G H E A Y L P A W W E R T G D F P T I F
C G R U R F X N N I R R A H U O H I X Y
I U F A N N A O J F S Y R W P O N R H R
R A C W K L O F S N W O T I R R U E F A
X L Y O M U I N U Z N O S R E T E P T M
```

PLESHETTE
PSYCHOLOGIST
RURAL
SATIRE
STAMMER
STAND UP
STEPHANIE
STRAIGHT MAN

			STRATFORD
AUTHOR	DICK LOUDON	IRREVERENT	TALK SHOW
BUTTON DOWN	DRY	JERRY	TONIGHT SHOW
MIND	EMILY	JOANNA	TOWNSFOLK
CARLIN	FINALE	LAUGHTER	VANDERKELLEN
CBS	HARTLEY	MARY FRANN	VERMONT
CHICAGO	HOWARD	OFFICE	WIT
COMEDIAN	HUMOR	ORTHODONTIST	WRY
DEADPAN	INN	PETERSON	

Solution on page 179

CHAPTER 12: TV Trivia

Electronics

```
Z G T P Z Z V B Z A R E C T I F I E R C
S I E E T R E S O N A T O R L T L T I Z
Q M G N K E A I P L A S M A U E P E Z G
V V A S E C L R E S N E D N O C O L M L
H H T E C R O T A L L I C S O E S E B D
C A T C B T A S U E N A M F R G I C Y J
E N A L C A E T R O H P S O H P T T S Z
R T W U N T T B O M S W T R T C I R P N
E E D N T S N K U R I I N M J C V O C S
S N G W T O E D S T C T O E I N E M N Z
I N R S L E R W C A M D T R N E I A N D
S A O L E H R H P M H U T G S G U G H R
T D U I X R U A R D T C U N U A I N O N
O W N O I T C E L F E D B C L T K E A V
R S D C P O W E R L R L H M A I M T H K
E A R M A T U R E D M L S G T V L I Q X
N A F K F N O C I L I S U S O E C C F W
J A G U L P L O W G N I P C R E D L O S
V L O O S Y D A K C A T H O D E D O N A
D B X O Z E Y L O F L I C K E R X K A D
```

ANODE
ANTENNA
ARMATURE
BEAMS
CAPACITOR
CATHODE
COILS
CONDENSER
CRT
CURRENT
DEFLECTION
DIODE
ELECTRICITY
ELECTROMAGNETIC
FLICKER
FUSE
GENERATOR
GROUND
INDUCTOR
INSULATOR
LCD
LED
NEGATIVE
OSCILLATOR
OUTLET
PHOSPHOR
PIXEL
PLASMA
PLUG
POSITIVE
POWER
PUSH BUTTON
RECTIFIER
RESISTOR
RESONATOR
RHEOSTAT
SILICON
SOCKET
SOLDER
SWITCH
TERMINAL
TRANSFORMER
VACUUM TUBE
WATTAGE

Solution on page 179

TELE- Words

```
N M C X P U J U V P J H S E J G J U W I
O P T S O D T E L E K I N E T I C Y U Q
I G U S O T E L E C O U R S E J W R S Y
T Z T N S T E L E V A N G E L I S T F R
A E E S O E P W W M H I C V E T S E T F
C L L S V I L M R L A N A T M E E M E Y
I I E X B T E I D E H F E A L L E L K
N M G L O O W C T R P T C L R E E L E R
U I E E N L T G E A E W I E K C T E P T
M S N T M O O F R L D T P P E A A T L E
M C I S E L N G E S E D O H T S G E A L
O A C A H O E V I V A T C O E T K L Y E
C F N T C L I I N C H F S T R A A E A T
E E J E E S I V O Y A A E O Q T T P U Y
L L L T I Y F D T K N L L D P E H A C P
E E E O P L A T E L E T E N Z L S T F E
T T N D F D D C L I E N T E L E T H O N
P M M L I F E L E T N X D W W S U Y Z Z
G V O T E L E S S M R E L E T S O H N G
R T A K I X O C S T E L E P O R T O U Y
```

			TELEPHOTO
CLIENTELE	TASTELESS	TELEFILM	TELEPLAY
DATELESS	TELECAST	TELEGENIC	TELEPORT
GATELESS	TELECOMMU-	TELEGRAPH	TELESCOPIC
HOSTELER	NICATION	TELEKINETIC	TELETHON
NOTELESS	TELECONFER-	TELEMARKETER	TELETYPE
PLATELET	ENCE	TELEMETRY	TELEVANGELIST
POSTELECTION	TELECOURSE	TELEOLOGICAL	TELEVISION
STATELESS	TELEFACSIMILE	TELEPATHY	VOTELESS

Solution on page 179

Sold on TV

```
F S U Y X L T S N S Q N W U J O P H W Y
M H S O O P M A H S E L K C I P A S T A
Z O N E L G I B C A T F O O D T O Y S I
V E I E C I U J T R B B U J L N S K W S
V S M U S T A R D E A F A R D V R S J S
M K A U J M B K T M B M K D N J E C E E
Z S T Y F P I Z Z A Y L Q G O I S I W I
C K I G D R M R I C F B F C K S T N E V
Y N V N H C E M K O O M R O C C A U L O
U I E O V P A P A T O E O I J S U L R M
C R A C K E R S N U D C N D A E R B Y E
B D N O R B S E L I B O M O T U A A W D
A X N C L J G T T B R S S K C A N S C I
N R E E B R U C M T R I T S E H T O L C
K C V S E M A L C E N O O D L E S Z G I
I B T T K R I E N I N S U R A N C E S N
N K E K D F L A S R E T U P M O C X Z E
G D Z S A E E M C V F A S T F O O D C Y
C Q P H H L F Y F X E Q P T M F Y L M J
F L F I C A N D Y C Y L Y S H V S W F E
```

AUTOMOBILES
BABY FOOD
BANKING
BEER
BREAD
CAMERAS
CANDY
CARS
CAT FOOD
CLEANERS
CLOTHES
COMPUTERS
COOKIES
CRACKERS
CREDIT CARDS
DETERGENT
DRINKS
ELECTRONICS
FAST FOOD
FILM

FURNITURE
ICE CREAM
INSURANCE
INVESTMENTS
JAM
JEWELRY
JUICE
MEDICINE

MOVIES
MUSTARD
NOODLES
PASTA
PERFUME
PICKLES
PIZZA
RESTAURANTS

SHAMPOO
SHOES
SNACKS
SOAP
SODA
TOYS
VITAMINS
YOGURT

Solution on page 180

TV Crew

```
J Y G R A P H I C S T E R Y I Y E K D P
Q U R E N N U R E X I M B E C L L Q N N
H L V H I I U Y E T T A M F A F P L U F
P N W P U B L I C I S T R E S O P M O C
V V O A H M B T I T L E S P T O H O S D
T L A R M R M O O B N A E R I N L C S M
X O U G Y D E N Y G R C E O N Y A R B T
Y Q U O N H Q F I B I E I D G R C E X B
Z A Q T E H C S F A Y D H U P E I H V M
E H E A E G E O L A S I L C I L N C X L
Q A T M R D V E O H G T D T R L H T I K
M A L E C I F M O R C O I I G A C I V R
T L Q N S F T A R A D R W O R G E W O E
R S I I E P K K M X E I K N A E T S Y T
R Y O C U K Q E A S T U N T S D C S E I
P N T K L A R U N O P E R A T O R T L R
K S X Q B A M P A A S S I S T A N T O W
C Y R S A G U L G S E M U T S O C H F R
W S E Q U E N C E A E U T S I T R A J Y
W L L U C O N T R O L R O O M Q I L B A
```

GRIP
KEY
MAKEUP
MATTE
MIXER
OPERATOR
POST
PRODUCTION
PUBLICIST
RESEARCHER
RUNNER
SEQUENCE
SOUND
SPECIAL EFFECTS
STUNTS
SWITCHER
TEAM
TECHNICAL
TITLES
VISION
WRITER

ADR
ARTIST
ASSISTANT
ASTON
BLUESCREEN
BOOM
CAMERA
CASTING

CHYRON
CINEMATOG-
    RAPHER
COMPOSER
CONTROL ROOM
COORDINATOR
COSTUMES
DESIGNER

DIRECTOR
DOLLY
EDITOR
FLOOR MANAGER
FOLEY
GAFFER
GALLERY
GRAPHICS

Solution on page 180

Channels

```
C J M F L K T L F Q A O U G I V K M P A
H J Y T F U P N Q K Q R G P P F W O Q U
Q Y H B O L A R T N E C Y D E M O C M E
M N K R O W T E N A S U P Y T C I N R F
S V E N D N A L V T I B T V T H T I A F
N M Y E N S I D I E Q I R M P A X T V I
B H A L E N N A H C L E V A R T N L N O
C J N L T Z A H Z A V Y R E V O C S I D
N F I E W N P S E T H G T V B O U H C U
B Q M N O C A R T O O N N E T W O R K X
C P A N R B X R X E L P E I V O M E E Y
U T L A K O U P G O L F C H A N N E L F
N K P H F O B L O O M B E R G I Z S O O
I R L C C S A F H N J B T U I O W T D X
V A A I J N V K L I F E T I M E V W E Y
I M N F O U T D O O R C H A N N E L O G
S L E I N S H T Y G Y J V X E R O C N E
I L T C E C C E M I T W O H S B Y D B N
O A V S I B E B G Z M F Y O B Y A L P S
N H V Z R A T S N Q G J A C I X V Y V S
```

ABC
ANIMAL PLANET
BBC
BET
BLOOMBERG
BRAVO
CARTOON NETWORK
CBS
CNBC
COMEDY CENTRAL
COURT TV
DISCOVERY
DISNEY
ENCORE
ESPN
FAITH TV
FOOD NETWORK
FOX NEWS
FOX REALITY
GOLF CHANNEL
HALLMARK
HBO
HGTV

HSN
LIFETIME
MOVIEPLEX
MSNBC
MTV
NATIONAL
GEOGRAPHIC
NICKELODEON

OUTDOOR
CHANNEL
OXYGEN
PAX TV
PBS
PLAYBOY
SCI FI CHANNEL
SHOWTIME

STARZ
TECHTV
TNT
TRAVEL CHANNEL
TV LAND
UNIVISION
UPN
USA NETWORK

Solution on page 180

Rhymes with TV

```
T M Q Z T S T D K A K Y H V F T A D G G
J H L K E U Y J D U K Z G D W Z D N X J
F J J O P L E A X W Z R X P B E D T E E
T B Z U U D B Z N L N T O A N E S T L E
J F W H D I E L T G U M N L B C V W H F
Y L C F L E E C E E T S U R T M N X X C
N B M Y U E D I R E H Z I D E E W U U A
H V U G N E K O V E K S E S E T O J Y G
E W Z I D U G E E N E I L W H T C W P Y
H E A T R Q E T E E R G A R R W T H W I
L R S Y E R F E E B B Q E E D S E I C Y
T Z C E G A U P A W N E E F P M H L O B
Y W L E R M O Z N R H E E B I A Z W O L
E G D D T O G F G I B R T C H L S J B L
L I R M H S F F W L Q P V W C W N U U Z
M W T W E G R K M U C S X F M F R X J X
Y H Y R E O E K V R F S L X J Q S Q T W
B L S E D H E Z S S O Y D Y T R W P T Q
L Y Y V Q Y J G A N S L P L G B G A R A
R R A A Z F F T C E N K K R K R A M G U
```

AGREE	EMCEE	KNEE	THREE
BANSHEE	FEE	LOUIE	TRAINEE
BEE	FLEE	MARQUEE	TREE
BRIE	FORESEE	NESTLE	TRUSTEE
DEBRIS	FREE	PAWNEE	WEE
DECREE	GEE	PLEA	WHOOPEE
DEGREE	GLEE	SPREE	YANGTZE
DRAFTEE	KEY	THEE	

Solution on page 180

Color TV

```
Y N O A K J G A X V F N C V H X W I M Y
K K S D R R E A D I D Z A S H S L F Y A
O L S H A P C B A X C O M N U V U N N P
P D A Y W U F O R X H F X D A C E L R E
C Q K E D Z M W N I H L Y L H L X O B L
S L Y L T N L E E T G D S S N O O R A M
D C A L I C U L Z N R H I T N E M G I P
B Q B O N L P G T N A A T Z N H E L D E
P D A W U R J R R D O Q S N E Q U S I A
W M J Y U E S I O U Q R U T E N M O G C
K K M P U U W W O J B G B A R S J O I O
Z H F D M A M T W L E N O P G I S S T C
G K X N P A Q S A U O C O L O R T R A K
Z C P Z S D G C H S J H T R D X G R L L
V T S K I C K E M U H N E I T I Y E D N
J K P T E O A I N M P B X V O I G V E N
E I I I N M R N Y T M A I D I N N L A X
X N Z K N C I I N A A X C E A L A I G N
T W O B A K B L S E E Z Z R X P O S R L
V T K T O Q C R Y Y D X O M Z K V I U T
```

AMBER
ANALOG
AQUA
BLACK
BLUSH
BRIGHTNESS
BRONZE
BURGUNDY
COLORTRAK
CONTRAST

CRIMSON	MAGENTA	PIGMENT	SIENNA
DIGITAL	MAROON	PINK	SILVER
FUCHSIA	NAVY	PROJECTION	TEAL
GOLD	NTSC	PURPLE	TINT
GRAY	OLIVE	RCA	TONE
GREEN	ORANGE	RED	TRINITRON
HUE	PALE	SCANNED	TURQUOISE
LIME	PEACOCK	SHADOW MASK	YELLOW

Solution on page 180

Advertisers

```
E R M X N M L B P N X S Z T C S Y F I K
K H S O G J U E O G I D T K B F M B M Y
Y T A R G E T N E F A C S E N O U O K Y
B H F E L X A M I C R O S O F T D D A Y
A E I X O C T S O C I T M Y E N S I D E
L G Z Q P J Y L K U B T B Q E E J I O P
S A M S U N G I X U L E I T B C S M K J
E P T Y H A U T Y E K I N G P U Z W C G
A N N E T S B U D W E I S E R C M S W D
R O I E Y H L I F T N I N S M O Y E E C
S N R X M Q I N A S O N Y E R C U L B U
Z O P P A Q Y T M X E O T T E A L P F Q
N K S E F P S E W Y T L S T Z C N A S S
Y I U D P L P L X R I D P E I O O T A K
Y A R I L S L L A F R L U L F L Z S U P
Y Q M A Y P I M E O T L Z L P A I A Y F
W S S N C K L C N E T F L I X Q R D S T
T O Y O T A V F O O W A L G R E E N G Y
A V B M W F Y K D M M M T H F H V O P B
Z E M B K P B P U D Q O K Q F E S H C G
```

ALLSTATE
APPLE
BEST BUY
BMW
BUDWEISER
CANON
CITIGROUP
COCA COLA

COLGATE
COSTCO
DELL
DISNEY
EXPEDIA
GILLETTE
HEINZ
HONDA

IBM
INTEL
JC PENNEY
KFC
KODAK
METLIFE
MICROSOFT
NESCAFE

NETFLIX
NIKE
NINTENDO
NOKIA
NORDSTROM
PEPSICO
PFIZER
SAMSUNG
SEARS
SONY
SPRINT
STAPLES
TARGET
THE GAP
TOYOTA
TOYS R US
UPS
VERIZON
WALGREEN
WALMART
XEROX

Solution on page 180

CHAPTER 13: **TV Award Winners**

Drama Emmy Winners and Nominees

```
Y E B Z P V M P V H O M E F R O N T N L
Z S K E R T R A T S P S E O R E H E D L
H U N O N N A C L X T E B Z O E M C T O
E O B Q M C T O H H V N R Z P D B D H S
U H K Z M S A C E L O U G R A N T A E T
L G L I R O N S I D E W A M Y D Z L W U
B H G A A Y O U E V K C D T W M O L A D
D B C V S P H N G Y T E H X C R A A L I
P M F A R S P O L I C E S T O R Y S T O
Y X W A E I I B C I A I C O L U M B O O
N T N I F B A E V V G P E T E R G U N N
B O I X S R A I E O Q H L S M Z T J S E
S K A C E E M N Q U A N T U M L E A P Y
K O R T D A G S I E V I T I G U F E H T
J J T Y I E E U P H C T W I N P E A K S
B A N M R G K S Y M C I K U N G F U J A
Z K O S A D E A D W O O D E X T E R M N
H M G M B O N A N Z A O O E F A M I L Y
A M A V E R I C K X I N N A M C T J X D
Q D W L U P K K R E Q M X O Z K N A X U
```

BARETTA
BEN CASEY
BONANZA
CANNON
CHINA BEACH
COLUMBO
DALLAS
DAMAGES
DEADWOOD
DEXTER
DYNASTY
FAMILY
GUNSMOKE
HEROES
HOMEFRONT
HOUSE
I SPY
IRONSIDE
KOJAK
KUNG FU
LASSIE

LOST
LOU GRANT
MAD MEN
MANNIX
MAVERICK
MEDIC
MIAMI VICE
MOONLIGHTING

NAKED CITY
NYPD BLUE
PERRY MASON
PETER GUNN
POLICE STORY
QUANTUM LEAP
STAR TREK
STUDIO ONE

THE AVENGERS
THE FUGITIVE
THE PRACTICE
THE SOPRANOS
THE WALTONS
TWIN PEAKS
WAGON TRAIN
WISEGUY

Solution on page 181

Comedy Emmy Winners and Nominees

```
I G E T S M A R T G W P U E S C R U B S
X A L H T Q F L I N T S T O N E S E M X
A R E E H A R H O D A Q R W B D W C C B
T C E M E M A E C P E B O W N I A A H X
R T S O O M S I A R U R U E T B N L A D
U L L N F A I N E F B G I C A D Y P L F
O A R K F D E R F Y L R H T I E N S E A
C E I E I A R A H Y F E M D W R A K S M
T B G E C B L P B S D A C K B M P N N I
H C N S E O R E H S N A G O H A M A A L
G M E S B U T M H G M H U S B U O R V Y
I Y D I M T M R P E E P E R S D C F Y T
N L L L Y Y U T R D L E F N I E S T B I
E L O A A O B A R N E Y M I L L E R X E
C A G V J U L I A W O N D E R Y E A R S
M D D P E F A M I L Y A F F A I R Y S O
V H A Z E L A B R L Q G E N E W H A R T
W O D D C O U P L E E G A R U O T N E V
S E S R E E H C S I G Q J G G X A O S C
G A G F V B C B Y A O P M N C Z Q G Z A
```

MR PEEPERS
MURPHY BROWN
NEWHART
NIGHT COURT
ODD COUPLE
RHODA
SCRUBS
SEINFELD
SOAP
TAXI
THE MONKEES
THE OFFICE
THREES COMPANY
UGLY BETTY
WONDER YEARS

ALLY MCBEAL
ARNIE
BARNEY MILLER
BATMAN
BEWITCHED
BUFFALO BILL
CANDID CAMERA
CHEERS

ENTOURAGE
FAMILY AFFAIR
FAMILY TIES
FLINTSTONES
FRANKS PLACE
FRASIER
FRIENDS
GET SMART

GOLDEN GIRLS
HAZEL
HOGANS HEROES
I LOVE LUCY
JULIA
MAD ABOUT YOU
MAUDE
MCHALES NAVY

Solution on page 181

Daytime Emmy Winners

```
W I J S D H B X A I G A W B Q I C W Y E
S D T Q M U E M A R M M M S D O O W W S
L G U Q G B R E K L A W L T W A L T O N
C R D G U B G K C C T T E H C T I R P V
U L A C I A M F F L A N N E R Y Y L A F
N U A Y D R A P O E J Q D D L D M L E G
F A Z B I D N I C C U L U O C X D Q W Y
U U M R N G J B Y S R E R C B U E H Y L
X H E Y G A V R E O F E P T F Y C E W O
J A O G L T A H W Y M C O O P E R I O S
E I N G I E G R L M H A U R H S I N L T
E N A M G U E I I I O M R U S W S Y E S A
N E D A H H M Z D A Y B E R L S N M A F
R S A N T A B A R B A R A H A E Q A Z F
Y B D O F Q C T O Y E R A C G W Z N Y O
B E N A R D I V W A T S O N H A E A D R
L A I V Y N R E S S A R T S A S L S K D
M T L X E Z Y A S O R T A W X C A L T H
X N Y Z N E D E A R B L E B L A N C A V
X Z Q U A S Y Z P K C E H K E A T I N G
```

A MARTINEZ
ANOTHER WORLD
BENARD
BERGMAN
BRAEDEN
BRYGGMAN
BYRNE
CANARY
CAREY
CASH CAB
COOPER
DAILEY
FAMILY FEUD
FLANNERY
GALLAGHER
GEARY
GUIDING LIGHT
HAINES
HEINEMAN
HUBBARD

HUGHES
JEOPARDY
KEATING
LEBLANC
LINDA DANO
LUCCI
LYMAN
MAURA WEST

PASSWORD
PRITCHETT
RYANS HOPE
SANTA BARBARA
SLEZAK
STAFFORD
STRASSER
THE DOCTORS

VAL DUFOUR
WALKER
WALTON
WATROS
WATSON
WOODS
ZASLOW
ZIMMER

Solution on page 181

Supporting Actor Emmy Winners

```
N C U F D E I M P E R I O L I D S S H P
R B N S F W I L L G E E R L B L E C N H
O N A I L O T N A P L E C A U N A H K T
T V M R D L H J D R K C D W S O N I K P
P T R E Y D V G E A L A R O F S H F O N
I R E N S A D E R R L Y A D I L A F T I
R E L T A H O D A U E B X C E E Y T E L
D M L A R C Y Y C N B M C M L R E N D O
R A I H T R W C R A H Y Y P D R S E K G
O L H S R A O A N G B O R P R A E L N R
B E J A L I C O I R C J B A I H T R I A
R X L S X T T D U O I O G L G V T A G M
E R T M R S K C C M W D A C R D E K H A
I O M A O O E S M Y A N R N I R U N T C
N C F P M W E Y D R B O Y O C O Q H N N
E C M D E M S E B R J Z F D H F O O I I
R O T I A M V K S A J I R R A T R J L C
T T T J I I J P U H A L A O R I R S O O
F Z S T T O N K N O D E N G D H A J R L
F G S O R E R E P M E L K T S W L S B V
```

ALEX ROCCO
ART CARNEY
BADALUCCO
BRAD GARRETT
BROLIN
BRUCE WEITZ
BUSFIELD
CHAD LOWE

DEVITO
DON KNOTTS
DYSART
ED ASNER
ELIZONDO
GARY BURGHOFF
GARY FRANK
GORDON CLAPP

HARRELSON
HARRY MORGAN
HILLERMAN
IMPERIOLI
JAMES COCO
JEREMY PIVEN
JIMMY SMITS
JOHN KARLEN

KLEMPERER
LARROQUETTE
LARRY DRAKE
MACNICOL
MARGOLIN
MCDOWALL
PANTOLIANO
RAY WALSTON
RICHARDS
RIP TORN
ROB REINER
SCHIFF
SEAN HAYES
SHATNER
TED KNIGHT
TOM POSTON
WHITFORD
WILL GEER

Solution on page 181

Supporting Actress Emmy Winners

```
R Y L C Y N T H I A N I X O N T S W I F
L E Z O E E S B T S E I L U G R A M A L
J G I R F B A N N A M H C A E L R A N A
L M I V F A I A A Q Z G A P V T E R S C
O A W E A R N M R U D L R D A I H I E T
H N Y M H B T L G Y I E O N L W S O L E
C H T A A J R E C S R L O E S I N L M
I E T R M R A E E S I S K R N A F L E A
N I E Y X A M P L S A P A Y T T L O N L
C M G A W H E Y R M C X N A I T I R C G
M I E L A A S O O S Z L E M N E A N O N
U K L I R L B H E L G E N B E R G E R I
L S L C B E T P A M E L A B R O W N B N
L N E E R Y P A T C A R R O L L D Y Y N
A A T T T T E L T R A B E Y E N N A J A
L R S T R U T H E R S M N E U W I R T H
L A E C N A V N A I V I V S A Q V B W C
Y B E T T Y W H I T E N A R E P R A H W
R L G I T T E W O R D U K B V V U F N B
X H M A R C H A N D A E H E R O O M O T
```

ALICE PEARCE
BARANSKI
BARBARA HALE
BARTLETT
BAVIER
BETTY THOMAS
BETTY WHITE
CAROL KANE
CHANNING
CYNTHIA NIXON
DORIS ROBERTS
ELLEN CORBY
ESTELLE GETTY

FABRAY	LEACHMAN	MARY ALICE	PAT CARROLL
GAIL FISHER	LEE GRANT	MAYRON	PERLMAN
HARPER	LORETTA SWIT	MCNICHOL	PRESSLY
HEIGL	MAHAFFEY	METCALF	SAINT JAMES
HELGENBERGER	MANHEIM	MOOREHEAD	STRUTHERS
JANNEY	MARCHAND	MULLALLY	VALENTINE
KAVNER	MARGULIES	NEUWIRTH	VIVIAN VANCE
KUDROW	MARION LORNE	PAMELA BROWN	WETTIG

Solution on page 181

Peabody Winners in the 1980s

```
E I S H O G U N H C A E B A N I H C N N
N B G M F O D L E G B O B C B S N E W S
I M T E N J S N O S R A C Y N N H O J O
L P E T S B S E T E E R T S E M A S E S
T R V I E F C D M Y E A E W S Y E E U D
H E O K U Z N T I A A V L E K E N L H N
G S D N L Q I I E A G O E N E L I P A U
I E E O B T E R C L S N V C E K L O N O
N N M R T H E R P K E I I B Z N T E O S
T T O C E E N R M E E V S A E I N P D T
T S S R E M I J E A H L I O R R O S L R
T C E E R U A U P H N T O S N B R Y I A
I A N T T P R F K Z W T N D I G F E H E
W R O L S P B C E A E E E O E O A L P H
E L L A L E E C O S M O S I S O N I P N
H S M W L T H D I A E V I L V E N M D A
N A A L I S T A I R C O O K E X Y S Z T
O G N I H T E M O S Y T R I H T P E F U
D A L A L A W O N D E R Y E A R S B P R
C N O S N E H M I J W O H S Y B S O C E
```

ABC NEWS
ALISTAIR COOKE
BBC TELEVISION
BOB GELDOF
BRAINGAMES
BRINKLEY
CARL SAGAN
CBS NEWS

CHINA BEACH
CNN
COSBY SHOW
COSMOS
DIAGNOSIS AIDS
DON HEWITT
EYES ON THE
    PRIZE

FRONTLINE
HEARTSOUNDS
HILL STREET
    BLUES
IBM PRESENTS
JIM HENSON
JOHNNY CARSON
LA LAW

LIVE AID
LONESOME DOVE
NATURE
NBC TELEVISION
NICKELODEON
NIGHTLINE
NOVA
PBS
PHIL DONAHUE
SESAME STREET
SHOGUN
SKEEZER
SMILEYS PEOPLE
ST ELSEWHERE
THE BRAIN
THE MUPPETS
THIRTYSOMETHING
VIETNAM REQUIEM
WALTER CRONKITE
WONDER YEARS

Solution on page 181

Peabody Winners in the 1990s

ABC NEWS
ALLY MCBEAL
AMERICAN
   PLAYHOUSE
ANIMANIACS
C SPAN
CBS NEWS
CITIZEN COHN
CNN
DR KATZ
ELLEN
ESPN
FRASIER
FRED ROGERS
FRONTLINE
HOOP DREAMS
KOPPEL REPORT
LARRY
   SANDERS SHOW

```
Z A E B R V T H B G W I S H B O N E O T
T I M O R G D N A E C A L L A W N E T H
A S L E S P N K O P P E L R E P O R T G
K L A H R N O T H I N G S A C R E D H I
R Z R T E I L T H E P R A C T I C E E N
D K R O U N C U O Y T U O B A D A M S S
K M Y H L R L A F R E D R O G E R S I W
O T S S B H D I N S W E N C B A T C M E
C U A N D M O A F P E L L E N N W A P N
I O N O P V T O Y E L S R L A D I I S I
T D D O Y L F V P N O A Z O P P N N O L
I E E M N N C G U D I F Y E S R P A N T
Z L R E I S A R F N R G B H C E E M S N
E G S W E N K C I N P E H I O J A I W O
N N S L A E B C M Y L L A T R U K N E R
C I H N W O R B Y H P R U M L D S A N F
O S O N A R P O S E H T A G S I S E S E
H S W E S T W I N G C J M G G C V N B C
N O R T H E R N E X P O S U R E U E C O
D L E F N I E S D G R E N R U T D E T O
```

LIFE OF BIRDS
MAD ABOUT YOU
MOON SHOT
MTV UNPLUGGED
MURPHY BROWN
NBC
NEWSNIGHT

NICK NEWS
NORTHERN
   EXPOSURE
NOTHING SACRED
NYPD BLUE
PRIDE AND
   PREJUDICE
ROSEANNE

SATURDAY
   NIGHT LIVE
SEINFELD
SINGLED OUT
SNL
TED TURNER
THE PRACTICE
THE SIMPSONS

THE SOPRANOS
TWIN PEAKS
WALLACE AND
   GROMIT
WEST WING
WGBH TV
WISHBONE
WNET

Solution on page 182

Peabody Winners, 2000–2004

```
J K V T K C S E L I F O R P Z Z A J C W
E N T Q B I L L M O Y E R S F W M L X R
R A H L A R T N E C Y D E M O C E E M E
I R E D N U T E E F X I S H R N R R R K
W F D D D O N B C N E W S Y N T I U O N
E E A A O C V S Q A E C F A A M C O T I
H N I T F E O A D N A R H E R N A H S T
T N L E B I U O S M E C H O N B N S G T
H A Y L R T R B E E Y T F P C P E W N N
E S S I O A C I T R E N R N O B X E I A
S T H N T K N O E C I E E E B V P N R R
O A O E H R W V E O S W Y O T U E E E G
P T W N E N O I T E S L E W F P R H H N
R E R B R C P T N W O T M O O B I T T I
A O A C S R E T S A M N A C I R E M A W
N F L I E R S T H E C R O S S I N G G T
O P D T G B O S T O N P U B L I C N S S
S L S E C N A M R O F R E P T A E R G E
I A R E L G N A E T E L P M O C S K Q W
M Y D O O R T O D O O R E N R O C E H T
```

DOOR TO DOOR
DORA
GATHERING STORM
GRANT TINKER
GREAT
   PERFORMANCES
JAZZ PROFILES
KATIE COURIC
MASTERPIECE
   THEATRE
NBC NEWS
NOVA
POV
REGRET TO INFORM
SIX FEET UNDER
STATE OF PLAY
THE CORNER
THE CROSSING
THE DAILY SHOW
THE NEWSHOUR
THE SOPRANOS
THE WIRE
WEST WING

ABC NEWS
AMERICAN
   EXPERIENCE
AMERICAN
   MASTERS
ANNE FRANK
BAND OF
   BROTHERS

BERNIE MAC
   SHOW
BILL MOYERS
BOOMTOWN
BOSTON PUBLIC
CBS NEWS
CNN PRESENTS

COMEDY
   CENTRAL
COMPLETE
   ANGLER
CRY FREETOWN
DATELINE NBC
DISCOVERY
   CHANNEL

Solution on page 182

Peabody Winners, 2005–2007

```
B N F E Y A R P R O J E C T R U N W A Y
Z T H E S H I E L D R E D A D H G A B P
Z T H E O F F I C E X W Q N D P P A Q D
I L E R U T A N W A C R L E L Y B I X K
O V Y T T E B Y L G U A S A X L N K H H
P J S T H G I L T H G I N Y A D I R F F
D P T B P L W C U E G E B C E T E O B H
H B A R A X M H L N T R I P R T B W O W
O S E I R C B N S E A S E M H R B T Q F
H B D A K A O Q A E S N L G O O L E D Y
N U O N K T U R N A D O U T B P E N I L
O R O R S A T M L E A A H W E E A N H O
I C G O D H O C N N D E O I N R K O T O
S S B S D O B T Y S R O D D I T H O E P
I W N S R B L M N H D X E F L R O T B K
V E E A X E J O O R J X T S E E U R A C
I N M N N P E O U F T C C P T B S A Z A
N S D S C D D F E E K F T I A L E C I L
U B A B I B F K R O W T E N D O O F L B
I C M G I V A T H E S T A I R C A S E G
```

A ROOM NEARBY
ABC NEWS
BAGHDAD ER
BBC
BLACKPOOL
BLEAK HOUSE
BOB WOODRUFF
BOSTON LEGAL
BRIAN ROSS
BROTHERHOOD
CARTOON NETWORK
CBS NEWS
CLASSICAL BABY
COLBERT REPORT
DATELINE
DESIGN SQUAD

DEXTER
ELIZABETH I
FOOD NETWORK
FRIDAY NIGHT
  LIGHTS
GIDEONS
  DAUGHTER
GOOD EATS

HBO
INDEPENDENT
  LENS
MAD MEN
NATURE
NBC
PBS
PLANET EARTH

PROJECT RUNWAY
SCRUBS
SOUTH PARK
THE OFFICE
THE SHIELD
THE STAIRCASE
UGLY BETTY
UNIVISION

Solution on page 182

ANSWERS

Chapter 1: Classic TV Shows

Bewitched

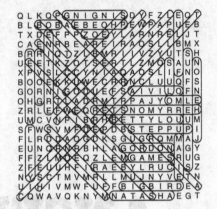

Sesame Street

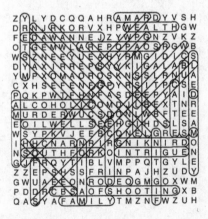

Cheers

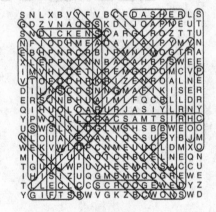

Christmas Specials

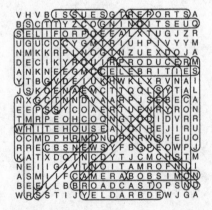

Dallas

60 Minutes

Chapter 1: Classic TV Shows

The Partridge Family

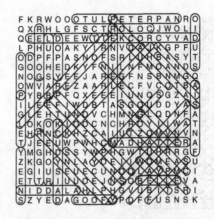

The Wonderful World of Disney

Meet the Press

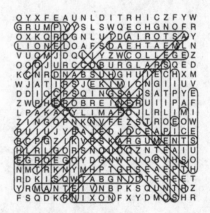

All in the Family

The Beverly Hillbillies

The Brady Bunch

Chapter 1: Classic TV Shows

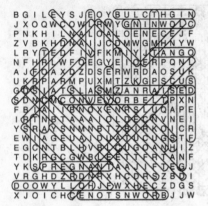

I Love Lucy

Chapter 2: Dramas

Drama Shows

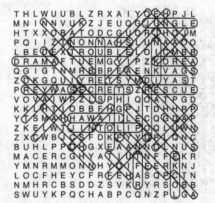

Lost

Chapter 2: Dramas

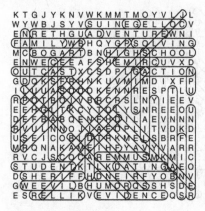

Veronica Mars

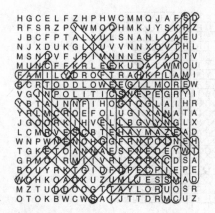

Gilmore Girls

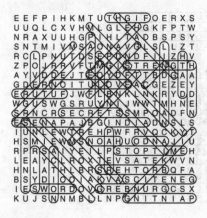

Soap Operas

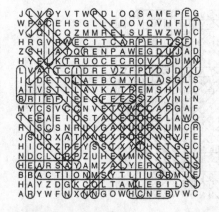

Legal Dramas

Heroes

The Sopranos

Chapter 2: Dramas

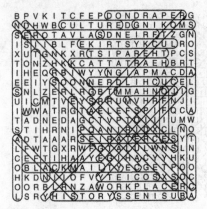

Mad Men

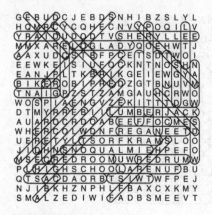

Twin Peaks

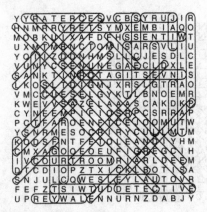

Perry Mason

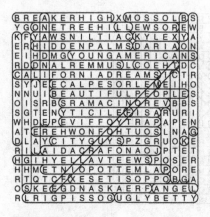

Teen Dramas

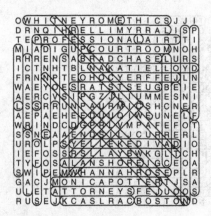

The West Wing

Boston Legal

Chapter 2: Dramas

Desperate Housewives

Chapter 3: Sitcoms

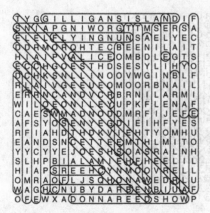

Comedy Shows A–J

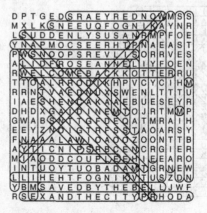

Comedy Shows K–Z

Chapter 3: Sitcoms

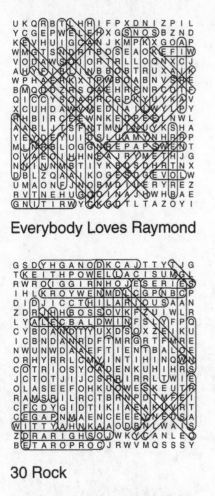

Everybody Loves Raymond

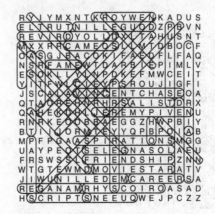

Entourage

30 Rock

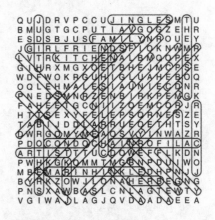

Two and a Half Men

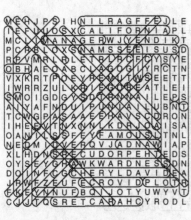

Curb Your Enthusiasm

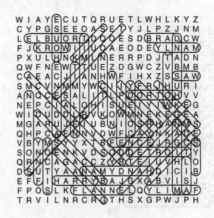

Home Improvement

Chapter 3: Sitcoms

Boy Meets World

The Cosby Show

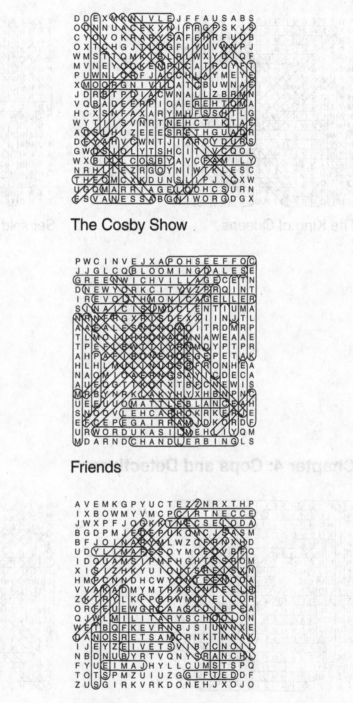

The Office

Friends

Frasier

Malcolm in the Middle

Chapter 3: Sitcoms

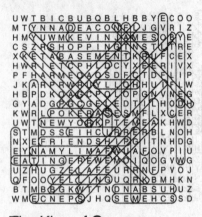

The King of Queens

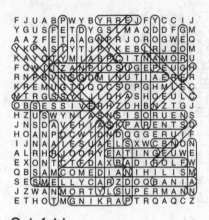

Seinfeld

Chapter 4: Cops and Detectives

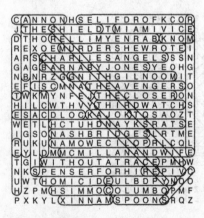

Crime Shows

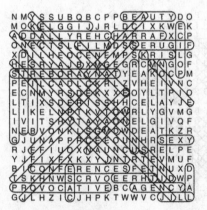

Charlie's Angels

Chapter 4: Cops and Detectives

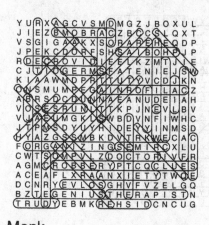

Monk

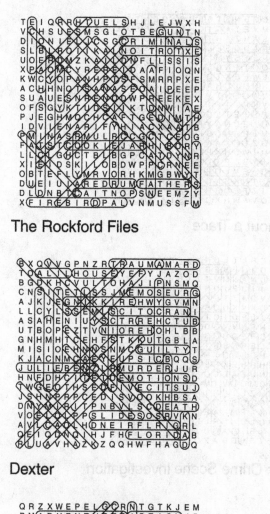

The Rockford Files

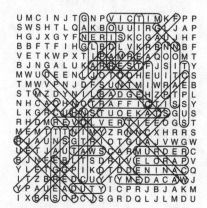

Police Words

Dexter

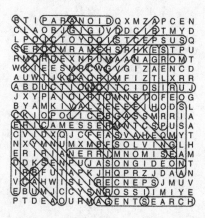

Criminal Minds

Magnum, P.I.

Chapter 4: Cops and Detectives

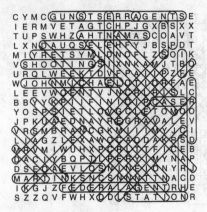

Without a Trace

NCIS

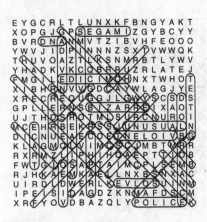

CSI: Crime Scene Investigation

Chapter 5: Medical Shows

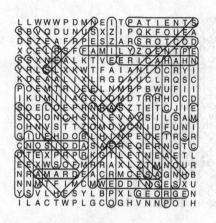

Doctors on TV

Grey's Anatomy

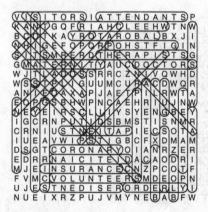

General Hospital

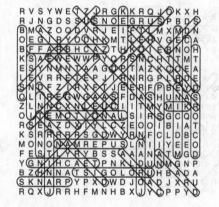

Scrubs

Hospital Words

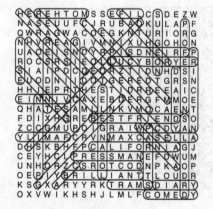

Doogie Howser

Chapter 5: Medical Shows

Northern Exposure

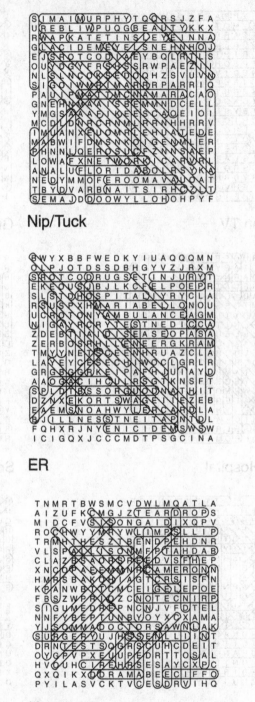

Nip/Tuck

M*A*S*H

ER

St. Elsewhere

House

Chapter 6: Reality TV

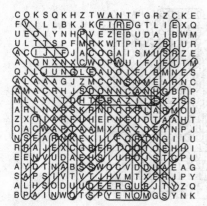

Reality Shows

Extreme Makeover

Survivor

The Apprentice

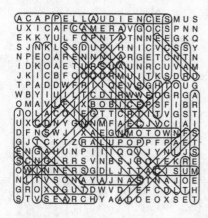

American Idol

Fear Factor

Chapter 6: Reality TV

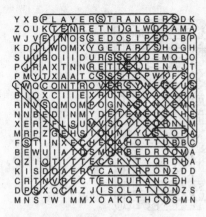

Big Brother

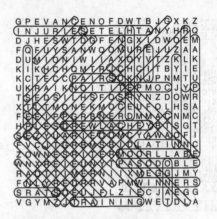

Dancing with the Stars

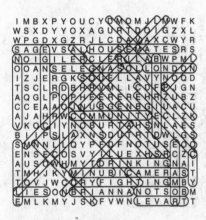

The Real World

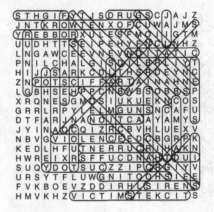

COPS

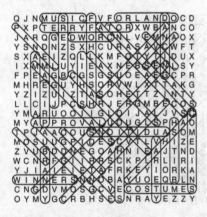

America's Got Talent

Chapter 7: Sci-Fi and Paranormal Shows

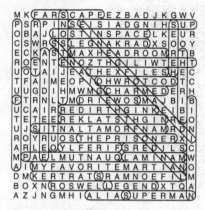

Supernatural Shows

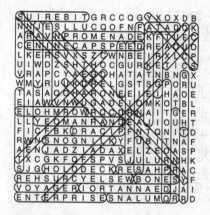

Star Trek

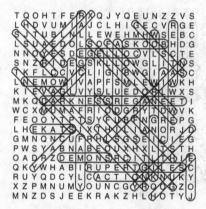

Buffy the Vampire Slayer

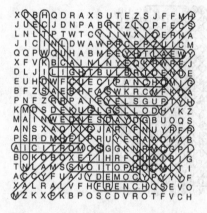

The Addams Family

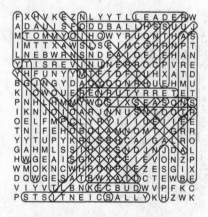

Third Rock from the Sun

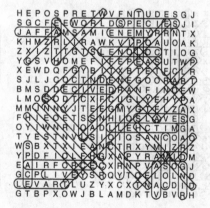

Stargate

Chapter 7: Sci-Fi and Paranormal Shows

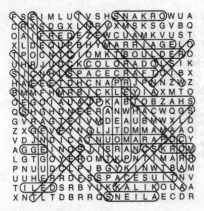

Mork & Mindy

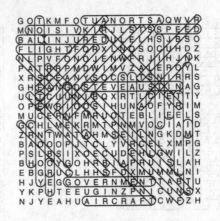

The Six Million Dollar Man

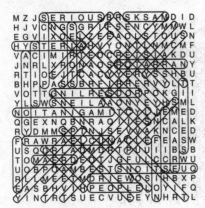

The Twilight Zone

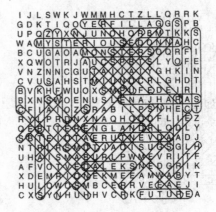

Doctor Who

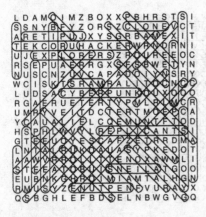

Sci-Fi Themes

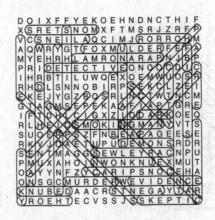

The X-Files

Chapter 8: Animated TV

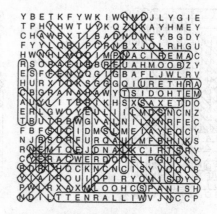

Animated Shows

King of the Hill

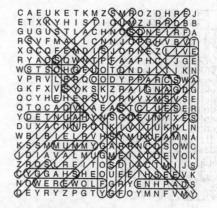

The Jetsons

Scooby-Doo

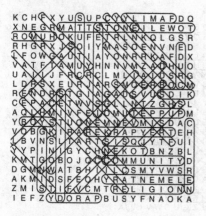

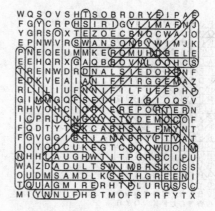

South Park

Family Guy

Chapter 8: Animated TV

Futurama

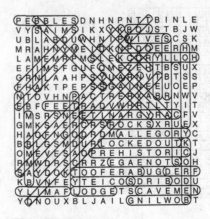

The Flintstones

Cartoon Characters

SpongeBob SquarePants

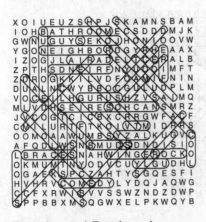

Beavis and Butthead

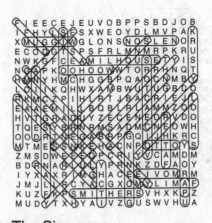

The Simpsons

Chapter 8: Animated TV

Dora the Explorer

Chapter 9: Sports on TV

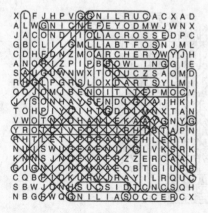

Wide World of Sports

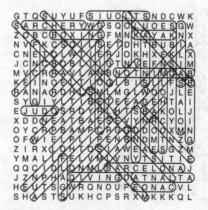

Summer Olympics

Chapter 9: Sports on TV

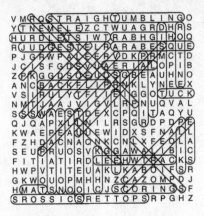

Gymnastics

Super Bowl

College Teams

Basketball Words

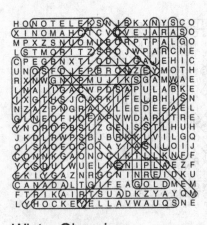

Winter Olympics

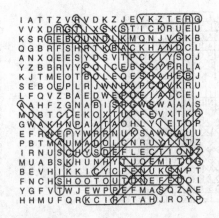

Hockey

Chapter 9: Sports on TV

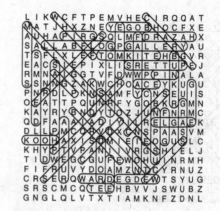

Baseball Players

Golf

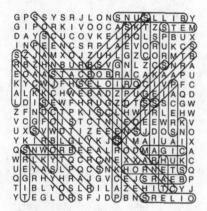

Pro Teams

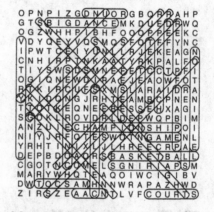

March Madness

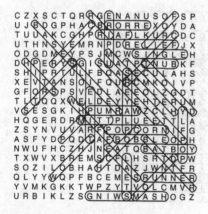

Baseball Words

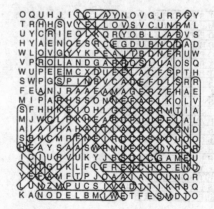

Tennis

Chapter 9: Sports on TV

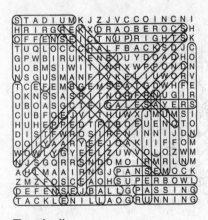

Football

NASCAR

Chapter 10: TV Through the Years

1960s TV

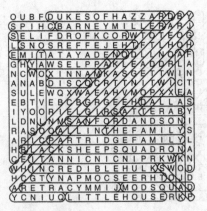

1970s TV

Chapter 10: TV Through the Years

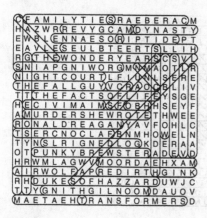

1980s TV

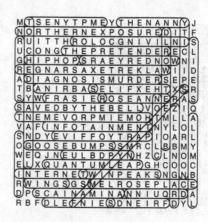

1990s TV

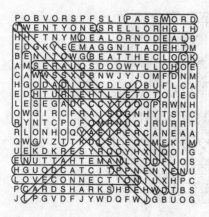

2000s TV

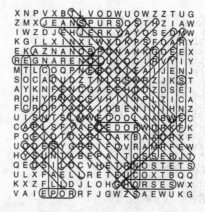

Western Life, Past and Present

Game Shows, Past and Present

Chapter 11: TV Stars

Actresses

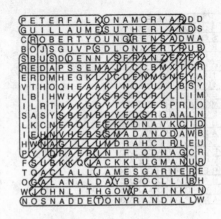

Actors

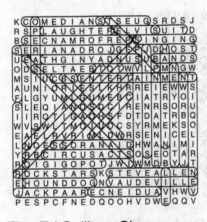

The Ed Sullivan Show

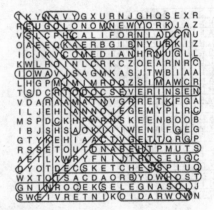

Johnny Carson

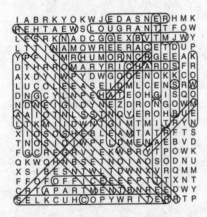

The Mary Tyler Moore Show

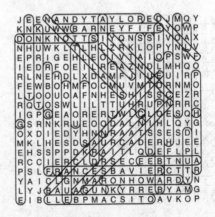

The Andy Griffith Show

Chapter 11: TV Stars

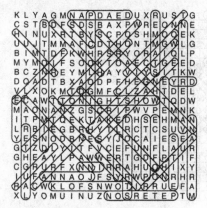

Bob Newhart

Chapter 12: TV Trivia

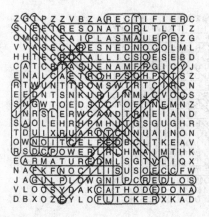

Electronics

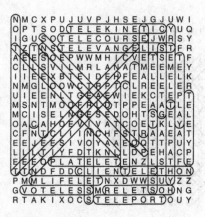

TELE- Words

Chapter 12: TV Trivia

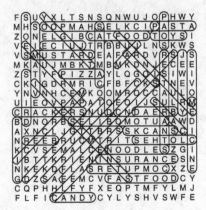

Sold on TV

TV Crew

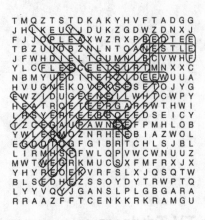

Channels

Rhymes with TV

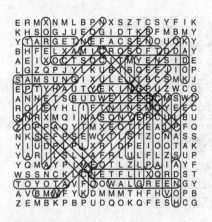

Color TV

Advertisers

Chapter 13: TV Award Winners

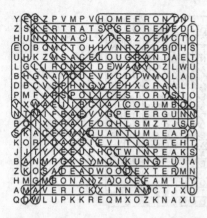

Drama Emmy Winners and Nominees

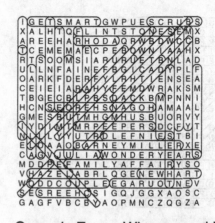

Comedy Emmy Winners and Nominees

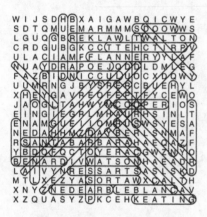

Daytime Emmy Winners

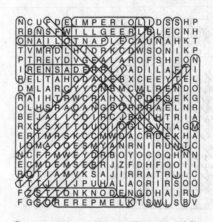

Supporting Actor Emmy Winners

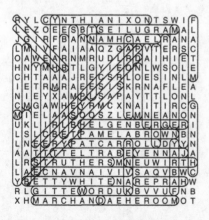

Supporting Actress Emmy Winners

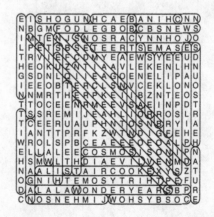

Peabody Winners in the 1980s

Chapter 13: TV Award Winners

Peabody Winners in the 1990s

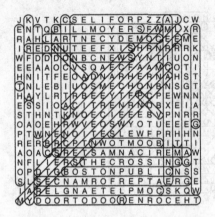

Peabody Winners, 2000–2004

Peabody Winners, 2005–2007